明日の不安から解放される、
たった一つの経営指標

顧客の数だけ、見ればいい

小阪裕司
Yuji Kosaka

PHP

ビジネスなんだから

「明日の不安」があるのは仕方がない

――そう思っていませんか？

「これが、あと30年も続くのか……」

石川県金沢市の紙卸業・浜田紙業専務の浜田浩史さんはある時、そう思ったそうです。

そのころ彼が行っていたのは、常に新規開拓。それも往々にして、競合他社より安くし、注文を「取って」くること。これは「下をくぐる」というそうですが、業界では当たり前。そんな毎日に、「売上が下がると当然しんどいのですが、売上が上がってもしんどかった。刹那《せつな》的な売上のように感じ、どうもしっくりこなかった」と言います。

しかし、彼は会社の後継者。それが冒頭の言葉につながります。

「これがあと30年も続くのか……。経営って大変だなと思いました」

「余裕がなかった、隙間がなかった、心も体もガチガチだった、そんな感じでした」

山梨県甲府市の和菓子店、松林軒七代目店主・鈴木伸吾さんは、以前の自分をそう振り返ります。

単に業績が厳しかっただけではありません。

「以前は早朝起きてから、製造、売り場回りをすれば午後8時過ぎ。その後は元気なら体を動かすか、パチスロ（笑）。暴食気味。まさにストレス過多の症状でした。ホントにクタクタになるまで、びっちり何かしないと！　そんな毎日でした」

そんな毎日の背景には常に、何かしていないと落ち着かないという「不安」があったそうです。

業種、業態は違っても、ビジネスをするにあたって日々、多くの人がこんな不安を抱えているのではないでしょうか。

「来月の売上は、いや、明日の売上はどうなるだろう?」

「お客さんは明日も来てくれるのだろうか」

「あの商品は本当に売れるのか」

「まだ1件も注文が入っていないけど、大丈夫なのか」

苦しんでこそ、悩んでこそ仕事だ、とうそぶく人もいます。

特に、いわゆる「高度成長期」を体験した人の中には、こうした価値観を持つ人が多くいます。

そうした方々の「薫陶《くんとう》」を受けてきた人の中には、「仕事で不安を抱くのは、仕方のないこと」だと、諦めている人も多いと思います。

以前、ある経営者から聞いた言葉が印象に残っています。

「もっと自分が強くならなければいけないいんだ、と思っていた」

そのように、ご自分にプレッシャーをかけている方もいらっしゃるでしょう。

圧倒的な業績を出す企業が見ている「たった一つのこと」

そんな方々に、ぜひ「別の世界」があるということを知ってもらいたいというのが、私が本書を書いた理由です。

別の世界とは何か。

ひと言で言えば「不安のないビジネス」です。

私は全国の1000社以上の企業が参加する会を主宰しています。

多くの企業が学び合い、切磋琢磨《せっさたくま》し合うことで、この数年のコロナ禍《か》や物価高の中でも、高い成果を出し続けています。

その中でも特に「圧倒的な業績」を出し続けている企業には、ある共通点があります。

それは、**「愉《たの》しそうに仕事をしている」**こと。

もちろん、何の悩みも不安もない、といったらウソになるでしょう。でも、少なくとも「明日の売上はどうなるのだろうか」という先の見えない不安に常に囚《とら》われている人は、ほとんどいません。

もちろん、業績がいいからこそ不安がない、という側面もあるでしょう。
しかし、それよりも大きな理由があります。
彼らに不安がない理由、それは「たった一つのこと」しか見ていないからです。
それこそが、「顧客の数」です。

選択肢が多いと人は迷う

ご存じの通り、世の中には数多くの経営指標が存在しています。

最も代表的なのが売上高でしょう。

「年商何億円」「月商何百万円」といった数値はその会社や店の実力を示す数値として使われ、「前年対比で〇％」「2年前に比べて〇百万円アップ」といった目標を達成するため、日々、多くの人が苦労しているはずです。

一方で、いくら売上が上がっても、原価が高騰したら利益は出ませんし、人件費がそれ以上にかかったら、やはり利益は出ません。

特に昨今の原価高、人手不足で、多くの会社がそのやりくりに追われているのが現実でしょう。

売上は上げなければならない。

でも、原価は抑えなければならない。

人件費も抑えなければならない。

そんな二律背反の中で、冒頭のような、

「来月の売上が不安でしょうがない……」

「今度の新商品、果たして売れるだろうか……」

という不安が生まれてくるのです。


行動経済学では、「人は、選択肢が多いほど悩む」とされています。

プリンストン大学のエルダー・シャフィール博士が提唱した、「決定回避の法則（選択回避の法則）」と呼ばれるもので、選択肢が多すぎると人はより良いものを選びたいと悩み、結果、何も選択しないという行動を取るというのです。

飲食店などで「あえてメニューを絞り込むほうが、売上が上がる」というのは、まさにこの心理を活かしたものです。


そして、実はこれはあらゆる世界でも同様です。

複数の指標を追うと、人はどうしても、迷います。

そして、迷いが生じると、結局、何も具体的な行動を起こさなかったり、行動したとしてもその行動からは力強さがなくなっていきます。

逆に言えば、たった一つの指標を追いかければ、行動は力強くなるのです。

「不安のないビジネス」への第一歩を

私が本書を書いた目的は、その**たった一つの指標を、売上でも利益でもなく「顧客の数」にしよう**、という提案です。

つまり、「顧客の数を増やすことだけを考えればいい」ということです。

「顧客をただ増やすだけでは、単価が落ちてむしろ売上は減ってしまうのでは？」
「利益率が落ちてしまうのでは？」

そのような不安を持つ人もいると思います。

それが杞憂《きゆう》に過ぎないということは追って説明していきますが、何よりも、多くの会員企業がコロナ禍や物価高の中でも「過去最高売上」「過去最高益」を達成し続けているのが、その答えになるでしょう。


実は、冒頭で紹介した二つの例はどちらも「昔話」です。

今ではどちらの会社も、「顧客の数だけ見る」ことで、日々の不安から脱却し、力強いビジネスを展開しています。

あなたのお店や会社も、きっと変わることができます。


変わるのにかかる時間は？

1年あれば十分ですが、実際には「1カ月で明らかに変わった」という会社も数多く存在します。

今、始めれば、それだけ早く不安から解放されるのです。


ぜひ、ご一緒に「不安のないビジネス」を実現させましょう。

序

第1章 あなたがこれから解放される「5つの不安」

1-1 「明日の売上」からの解放

第2章 最強のKPIは「顧客数」

第3章 あなただけの「顧客」を生み出すために
——顧客を定義する

3-3

価値は意外なところにある

第4章 「顧客の数」を増やすため、今すぐすべきこと

第5章 あえて非効率を追求すると、顧客が集まる

第6章 顧客はあなたが選んでいい
――劣化する顧客、成長する顧客

第7章 顧客数経営のカギを握るのは「人」、そして「土壌」

終章

「幸せな安定」という選択肢

――人間らしいビジネスとは？

あなたがこれから解放される「5つの不安」

第1章

人が一番不安なのは
「その不安の正体がわからないこと」。
正体さえわかってしまえば、
「なんでこんなことで悩んでいたんだ」と思うこともしばしばです。
さらに、正体がわかれば、その解決法も見えてくる。
その解決法こそが「顧客の数だけ見る」なのです。

1-1 「明日の売上」からの解放

売上が文字通り「消滅」した日

大阪市にある「バーキース」（以下、キース）。オーナー山本照彦さんが奥様と二人で営む、国産ウイスキーが売りのバー。海外向けの日本のウイスキー紹介本の表紙を飾るほどの、本格派のバーです。

この店に、2020年3月、コロナ禍が押し寄せました。

政府からの営業自粛要請により、営業は夜8時まで。酒類の提供は控えるという、バーの経営的には前代未聞の事態です。

なにせ、往々にして「夜8時以降」に、「酒類」を飲みに来るのがバーです。これではバーの役割を果たせませんし、そもそも当時はお客さんの側も、極力外出を控える状況でした。

当然ですが、このままでは売上も限りなく「ゼロ」になります。

飲食業において、日々の売上はまさに経営の命綱です。

キースはまさしく「明日以降の売上がまったく見えない」という状況に陥ってしまったわけです。

これほどドラスティックではなくても、

「来月の売上、どうなるんだろう……」

「明日の売上、どうなるんだろう……」

といった心配は、ほとんどの企業経営者や店主が抱いているのではないでしょうか。

「心配することが経営者の仕事だ」などとうそぶく人もいますが、それはなかなかしんどい道。少なくとも、私なら選びません。

ではなぜ、不安から逃れられないのか。

それは、「売上」を指標に考えているからです。

「売上」ほど不安定な、はかないものはありません。今現在は順調でも、いつ何時、売上が文字通り「消滅」してしまうかは、誰にもわかりません。

今日ヒットしている商品が、明日から急に売れなくなっていくかもしれない。
今日は店の前にできていた行列が、明日、急にぱたりとなくなってしまうかもしれない。
取引先から急に、「来月で契約を終了したい」と言われるかもしれない。

どんなに順調でも、常に、そんなリスクが脳裏に浮かんで離れないという人は多いでしょう。

そこに、「不確実性」のリスクが拍車をかけます。
２０２０年のコロナ禍に始まり、２０２２年のロシアのウクライナ侵攻。そして全世界的な物価高や品不足。
我々はこの数年、「昨日の常識が今日は通用しなくなる」という現実に何度も直面してきました。

予測できる未来と、予測できない未来

「じゃあ、未来を予測できれば、不安から解放されるのでは？」

そう考える人はいるでしょう。

私もその一人です。

私は２０１６年から、シンガポールに行って地政学の専門家たちの講義を受けています。１０００社を超える会員組織を主宰する身として、少しでも先のリスクを予測し、減らしてもらいたいと思うが故《ゆえ》です。

しかし、行くたびに思い知らされることがあります。

それは、**「結局、未来は読み切れない」**ということです。

先ほど「不確実性の時代」と言いましたが、そもそも「不確実性」とはどういう意味で

しょうか？

著名な不確実性の研究者、世界的ベストセラー『ブラック・スワン』（ダイヤモンド社）の著者ナシーム・ニコラス・タレブ氏はこう言います。

「確率的に予測できないこと」

予測できないことが起きる時代だからこそ、「不確実性の時代」なのです。

誰が２０１９年時点で、コロナ禍を予測できたか。

誰がロシアとウクライナの間で戦争が始まるなどと予測できたか。

さらにいえば、コロナ禍の最中に、２０２４年に日本の株価が史上最高値を更新すると予測できた人がどれだけいたか。

そう考えてみれば、「結局、未来は読み切れない」と結論付けざるを得ないのです。

もちろん、確実に読める未来もあります。

たとえば、人口動態。

全世界的に最も消費性向が強い、つまりお金を使う世代は、30代から40代だとされています。そして、10年後、20年後に30代・40代の人口がどうなるかは、ほぼ正確に予測できます。当たり前の話ですが、今20代の人は10年後に30代になるからです。

この視点から見ると、この世代の人口は今後、中国では減少し、インドネシアやインドでは増加します。つまり、人口動態から予測すれば、「中国よりもインドネシアやインドを狙うべき」となるわけです。

また、日本の人口の第二のボリュームゾーンである団塊ジュニアは、これから定年を迎えていくことになります。これもまた、確実に予想できる未来なので、「定年前後を狙ったビジネスは伸びしろがある」ということもまた、事実です。

10年後が予測できても、明日、転んだら意味がない

ただ、そうした長期のトレンドを予測できたとしても、短期の未来で躓《つまず》いてしまったら元も子もありません。

典型的なのが「インバウンド」でしょう。

２０２４年現在、インバウンドが絶好調です。

人口動態的にアジアの中流階級が増加し、日本に来る観光客も増加するであろうことは、ずっと以前から予測できていたことです。実際、2019年時点でインバウンド消費は大いに盛り上がっていました。

それが、ご存じのように2020年のコロナ禍で一気に縮小し、その回復まで3年以上を要することになりました。

この間、インバウンドに向けて大きな投資をしてきた企業は軒並み苦境に立たされ、事業縮小や撤退、あるいは倒産の憂き目にあった企業もたくさんあります。

つまり、長期のトレンドが読めても、足元のリスクでビジネスが崩壊することは十分にある。それが、現代なのです。

そうなると、我々にできることは一つだけ。

それは、**「何が起きても脆《もろ》くならない経営にシフトしておく」**こと。

では、その基盤になるのは何か。

それこそが、「顧客の数」なのです。

コロナ禍を「顧客の数」で乗り切った

大阪のバー、キースの話に戻りましょう。

コロナ禍により売上が「消滅」してしまった、キースのオーナー・山本さんはその時、どうしたのか。


確かに、バーの営業はできなくなりました。

しかし、この店には強く支持してくれている数多くの「顧客」がいました。


そこで山本さんが行った施策は実にさまざまでした。

「予約のみのおつまみなどのテイクアウト」「地方発送可能な商品の通信販売」「高級ウイスキー試飲チケットの販売」「近隣顧客への宅配サービス」などなど。

テイクアウトや通販といっても、お酒を売るわけではありませんし、そもそもバーですから、売るものは限られます。またこの時期、多くの飲食店がテイクアウトを試みましたが、思ったようには売れませんでした。

しかしキースでは、爆発的に注文が入りました。「顧客」が動いたのです。

近隣顧客への宅配サービスについては、それを聞いた同業者から「え⁉　宅配サービス？」と首を傾《かし》げられました。宅配に使うバイクを整備してくれているバイク店にまで「オイル替えて、タイヤ替えてガソリン代かけて。そんなん合わへんやろ！」と言われたそうです。

しかし山本さんは「合う・合わへんやない」と、こういう活動を続けました。

そうしてつながり続けた顧客の中には、通常営業再開後即座に店を訪れ、「会いたかった」と号泣する方もいたそうです。

今、あのコロナ禍の3年間を振り返って、山本さんはしみじみ言います。

「あのきつい時期を支えてくれたのは、『顧客』だった」

何ものにも代えがたい「自信」という産物

こうした事例は、私の会員企業では枚挙《まいきょ》にいとまがありません。

彼らがなぜ、「明日の売上を心配しなくていいのか」といえば、**「十分な顧客がいるので、いざとなっても売上を作ることができる」**からなのです。

もちろん、キースの例を始め、それができるのは日ごろから顧客数を増やすことを意識し、ＳＮＳなどで積極的に顧客とコミュニケーションを図っていたからこそです。

一方、こうした「顧客」を持たない店や企業は、何もすることができないまま、消滅していく売上をただ、眺めるしかないのです。

会員企業からしばしば聞く話があります。それは、「コロナ禍、原価高を乗り切ったことで、何が起きても大丈夫だという自信がつきました」という話です。

売上だけを指標にしていたら、いつまでたっても時代に振り回されるのに対して、「顧客」を指標にすれば、どんな時代になっても乗り切れるという自信をも手に入れることができるのです。

1-2

「前年比」からの解放

圧倒的に刺さった「ある広告コピー」

「前年比で計画を立てるのはやめてください」

以前、こんなコピーでフェイスブックに自社の広告を出したことがあります。

私の会社は定期的にフェイスブック広告を出しています。もちろん、自社の会員募集が目的ではあるのですが、マーケティングや経営について教え、伝えている立場として、世の中では今、どのようなニーズがあるかを把握できる良さもあります。

それもあって、方向性の違う複数の広告コピーを作成し、それぞれの効果を測定してい

ます。たとえばこの時は、

・〝売上〟を作っているのは〝商品〟ではありません

・「お客さんは減るのが当たり前」だと知っていますか？

・お客さんとの繋がりをＳＮＳに特化してはダメ

といったコピーも同時に掲出しました。

その結果はというと、私にとっては意外にも、

「前年比で計画を立てるのはやめてください」

が反応が高かった。多くの方の心に刺さったのです。

その時、つくづく気づかされました。

「世の中の多くの人は、これほどまでに前年比という言葉に苦しめられているのか」と。

前年比が「足かせ」に

私の知人に、企業の経営企画の仕事をしている人がいます。

その会社ではまず、「前年比売上○%」という目標がトップから降ってくるそうです。しかし、それはあくまでバーチャルなものであり、何かの根拠に基づいたものではありません。

ただ、その「前年比アップ」の命令は絶対であり、現場はその数字を達成する計画を組むために四苦八苦するのだそうです。

中小企業の経営者や個人商店などスモールビジネスのオーナーでは、この「経営計画」を立てる役割は、ほとんどの場合、自分です。そんななか、銀行から「前年比で売上が下がっているので、改善してください」という要求を受けることも多いようです。

また、逆に先輩経営者から「企業たるもの、成長し続けるのが使命だ」というありがたいお言葉をいただき、「前年比アップ」のお題目を掲げざるを得ない、ということもあるようです。

つまり、**前年比という言葉は、多くの人にとって「目標」というよりは、「足かせ」となってしまっている**、ということなのでしょう。

そして、そう感じる人が多いからこそ、「前年比で計画を立てるのはやめてください」というコピーが刺さった、ということなのだと思います。

あなたは「禁じ手」にあらがうことができるか

しかし、実際にはこのことに多くの人が疑問を持っている。なぜでしょうか。

そう考える人も多いと思います。

「売上前年比アップを目指して何が悪い」

「売上前年比アップ」を目標にしてしまうと、何が起こるのかを考えてみましょう。あと半月で今期も終わり。現時点での前年比は98％で、目標とする「前年比超え」は、このままだと厳しい状況です。ただ、あと３％で何とかなる……。

その時、あなたならどうしますか。

「無茶な押し込み販売」「利益度外視のセール」「来期の売上の前倒し」

そんな誘惑に、抗《あらが》うことはできるでしょうか。

言うまでもなく、こうした施策は短期的に売上が上がっても、長期的に見ればむしろマイナスになる可能性のほうが高いものです。

数字にとらわれすぎるあまりに、数字しか見なくなる。「あと3%アップ」などの数字に縛られて、その数字が自己目的化してしまう。

これが、多くの会社や店で起きている現実ではないでしょうか。

「利益」を目標にしてはいけない理由とは?

では、「利益」を目指すのは?

「前年比で利益○%アップ」という目標なら、問題ないのではないか。

当然のことながら、企業が本当に目指すものは「利益」です。指標として適切な気がします。

ただ、一つ問題があります。

それは、「利益を出すための方法は、あまりに多すぎる」こと。

利益とは、言うまでもなく、次の式で導き出されるものです。

売上－コスト＝利益

ただ、ひと言で「コスト」と言っても、コストには原材料費や仕入原価などの「比例費」はもちろん、人件費や家賃、光熱費などの「固定費」も入ります。

つまり、利益を上げたければ「売上を増やす」とともに「比例費を減らす」「固定費を減らす」など、さまざまな方法があるわけです。

そして難しいのが、**売上とコストは常に二律背反になりがち**だということです。

売上を求めると、相応の経費がかかってしまう。

広告宣伝費を削ると、コストは下がるが客数が落ちてしまう。

人件費を減らすと、サービスの質が落ちて売上が下がってしまう。

常に、これらの不安がつきまといます。

あなたの会社には「カギ」が多すぎませんか？

そして、その整合性を取るために、さまざまな経営指標（ＫＰＩ）が設定されます。

ＫＰＩとは「key performance indicator」の略で、文字通りキー（カギ）になる指標を指しますが、そのキーが５本も10本もあったりすることもしばしばです。

カギが多すぎて、どのカギがどのカギ穴に合うのかわからない、といった状態です。

でも、たった一つだけ、確実に二律背反にならない要素があるのです。

それが「顧客数」です。

当たり前の話ですが、モノが売れるのは、お客さんが買ってくれるから。

その数を増やせば、シンプルに売上は上がります。

私が本書で提唱するのは「顧客の数」だけを指標にしよう、ということです。つまり、ＫＰＩを「顧客数」だけにしよう、という提案です。

増えすぎたカギを１本だけにしようという話です。

「でも、いくら顧客を増やしても、単価が下がれば売上も下がるでしょ？」

「顧客を増やすために無尽蔵にコストを使ったら、利益は出ないじゃないか」

「顧客」をKPIにすると

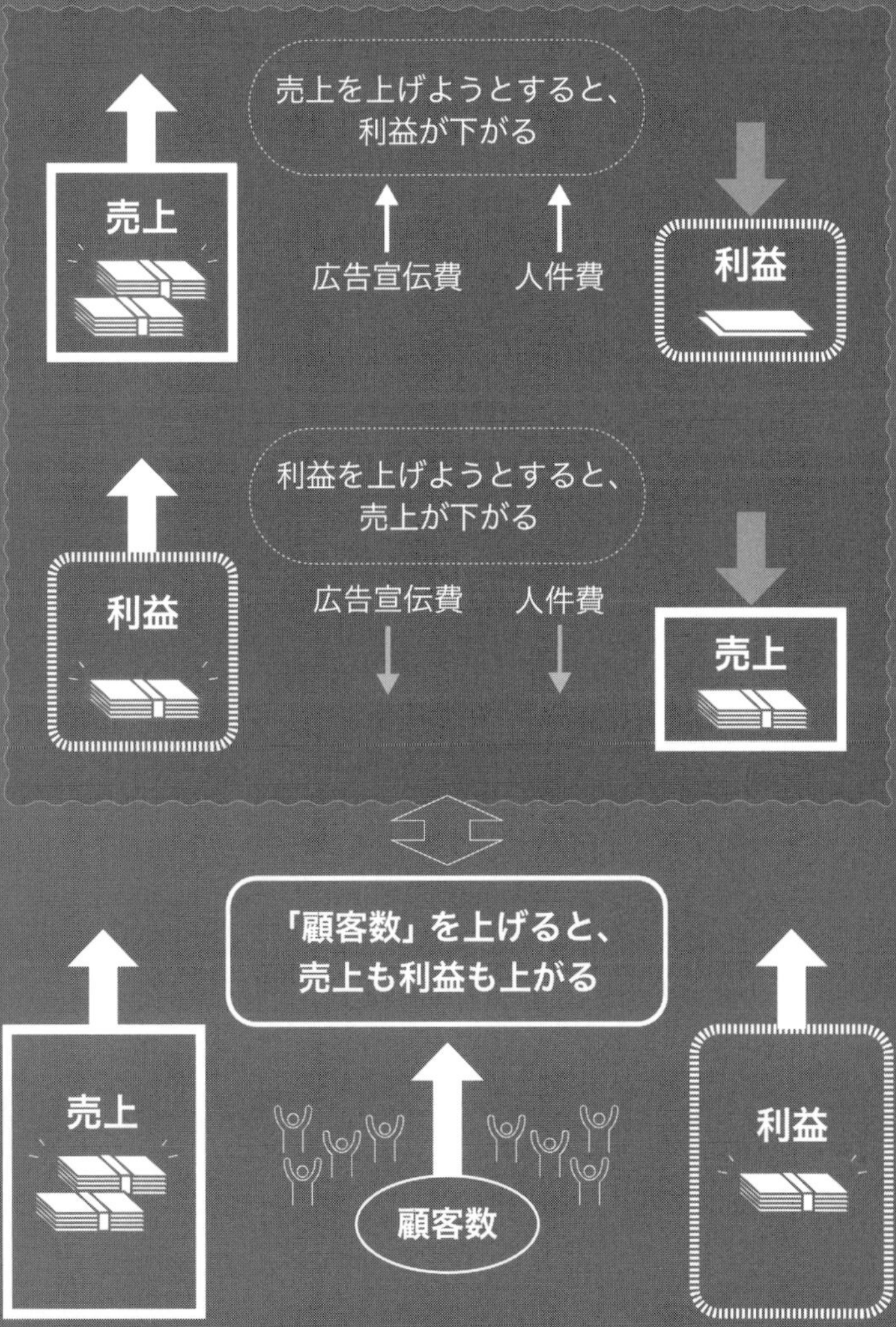

売上を上げようとすると、
利益が下がる
売上
広告宣伝費
人件費
利益
利益を上げようとすると、
売上が下がる
利益
広告宣伝費
人件費
売上
「顧客数」を上げると、
売上も利益も上がる
売上
顧客数
利益

こうした当然の疑問に関しては、後ほど詳しく「そうではない」理由についてご説明していきたいと思いますが、ここで強調しておきたいのは**「たった一つの指標を追い求めることで、ビジネスが極めてシンプルになる」**ということです。

クルマを売るより顧客を増やすことを優先した自動車販売会社

「顧客の数だけ見る」という方針でビジネスが根本から変わり、成長を続けている会社があります。仙台市にある「ホンダカーズ仙台北」です。

社長の小山実さんが父親から店を継いだのは2004年。当時のホンダカーズ仙台北はごく一般的な「新車の販売をして儲ける企業」でした。

しかし、新車の販売数はどうしても、メーカーが作った製品の良し悪しに左右されます。また、買い替えまでどんなに短くても数年はかかります。そのため、常に新しいお客さんを開拓しなくてはなりません。

つまり、いつまでたっても経営が安定しない。

それはつまり、いつまでたっても不安から解放されない。

この状況に危機感を抱いた小山さんは、発想を大きく変えました。

売上ではなく「顧客の数を増やしていくこと」に注力することにしたのです。

具体的には、新車販売よりも「メンテナンス」に力を入れるようにしました。

新車は数年に一度しか買わない人も、メンテナンスなら定期的に来てくれるからです。

新車を買ってくれた人はもちろんですが、他社で新車を買った人も、ホンダカーズ仙台北でメンテナンスをしてもらえばいい。これなら、新車が売れなくても「顧客」は増えていきます。

そこで、すべての施策を**「いかに多く新車を売るか」から「いかに顧客を増やすか」にシフトした**のです。

そのために店舗も、「いかに多くの車を陳列するか」でなく、「いかに居心地の良い空間を作るか」にチェンジ。販売店を2カ所に集約するとともに、面積を確保するためにあえて郊外に移転。隣接した土地も取得し、カフェを作って人を呼び込むこともしました。

また、顧客情報を管理し、適切なタイミングでアプローチできるシステムを自社開発するなどして、徹底的に「顧客の数にこだわる」施策を追求したのです。

その結果、ホンダカーズ仙台北の基盤収益経費カバー率（新車の収益を抜いた収益の割合）は、売上のおよそ93％となり、新車が売れようが売れまいが、安定的に売上を上げることができるようになりました。

売上のほうも、2022年度と比べて111・8％を実現しています。

この例からつくづく感じることがあります。

人は、選択肢が多いほうが迷う。

選択肢が少なくなればなるほど、悩まない。

悩まないと、活動は力強くなるのです。

「成長する」ではなく「成長しちゃう」

ホンダカーズ仙台北は結果的に前年比アップを成し遂げていますが、別に「前年比アップを目指している」わけではありません。

あくまで、「顧客のためになることを考えていたら、結果的に前年比アップしていた」ということです。

実は、これと同じような話を会員企業からよく聞きます。

「別に成長を目指してはいなかったけど、結果的に成長しちゃったんですよ」

「最初は小さく始めたら、いつの間にかこんなに成長しちゃってました」

会話の中で、あるいはレポートの中で、この言葉を何度も聞くうちに、気づいたのです。

「成長を目指す」のではなく、「顧客の数を増やそう」と考えていたら、結果的に「成長しちゃった」。前年比アップを目指していたわけではなかったのに、いつの間にか「前年比を超えちゃっていた」。

これこそが理想の形なのではないかと。

「企業が成長を目指さないなんて、あり得ない」という考え方を持つ人がいます。

一方、昨今は「成長ばかりを目指すから、ひずみが生まれている」という主張をする人も増えています。いわゆる「資本主義の限界」です。
その両者をつなぐものこそが、「成長しちゃった」ではないか。
私はそう考えています。

1-3

「忙しさ」からの解放

長時間営業という「逃げ」

「以前はくたくたになるまで仕事をして、疲れきるまでやってこそ仕事だと思っていた」

こう語るのは、新潟県五泉市にある食品スーパー「エスマート」店主・鈴木紀夫さんです。

この言葉に共感する、あるいは胸がチクリと痛くなる人は、多いと思います。

明日の売上が見えないと、我々はどうするか。

その一番単純な答えが「もっと働く」です。

たとえば店舗なら、営業時間を延長する。20時閉店だったものを22時閉店にする。挙句の果てには24時間営業にする。

そうすれば、確かに売上は増えるでしょう。

「売上が上がらない」という不安からも、一時的には逃れられるでしょう。

でも、人件費を考えたら全然儲からなかったりもしますし、何より、自分が疲弊してしまいます。**つらい事実ですが、長時間労働は「逃げ」になってしまうのです。**

そんなことは、鈴木さんもわかっていたことでしょう。

しかし、自店は50坪弱のミニスーパー。少し車を走らせれば、10倍以上の規模のスーパーがたくさんあります。品揃えでは比較になりません。そこに負けないためにはせめて店は開けないと、と年中無休。朝は7時30分に開けて、閉店は20時。

休みもない毎日でした。

営業時間を減らしたら、売上が上がった！

しかし鈴木さんは、その後「別の世界」の存在に気がつきました。

競合や売上を見るのではなく、「顧客の数」を見るビジネスの世界です。

そして、やり方を180度変えたのです。


そのやり方でビジネスを営み、しばらく経ったころ、鈴木さんは店休日と営業時間の問題に着手しました。

まず、朝7時30分からだった営業時間を、9時からに短縮しました。

さらに、年中無休だったところ、毎週水曜日を定休日に。これは、毎日営業していることが当たり前のスーパーでは、極めて勇気のいることでした。


なぜ、それができたのか。

そのころにはすでに、エスマートには確実な「顧客数」があったからです。

エスマートの店内には店主が目利きした品が並び、店内のあちこちには読むだけで楽しいPOP（店頭販促物）が貼られています。そして、行くたびに新しい情報に出合えます。

店内には楽しそうなおしゃべりの声や、笑い声が絶えません。

だから、エスマートには熱狂的なファンが数多くいるのです。
「ディズニーランドより楽しいかも」
「私、週末にここに来る楽しみがあるから、一週間つらい仕事を頑張れるんです」
などという言葉をいただくこともあるそうです。

しかし、それだけ支持されているからこそ、営業時間や営業日を減らすのは大きな決断だったと思います。結果は、どうなったのでしょうか。

営業時間を減らすことで売上が減るどころか、むしろ伸びたのです。

その後エスマートでは、毎週火曜と水曜の完全週休2日になり、2024年3月からは、なんと週休3日になっています。しかし、売上・利益ともに過去最高を更新し続けているのです。

あとで詳しくお話ししますが、単なる「客」と「顧客」は違うものです。
「客数」を増やしたかったら営業時間を延ばせばいいのですが、「顧客」を増やすためには、実は営業時間は関係ありません。

逆に言えば、一定以上の「顧客数」があれば、営業時間を増やす必要はない、むしろ減らしても問題ない、ということです。

「忙しい自分」に依存していないか

昨今は、「長時間労働は悪だ」と言われることが多くなっています。

私自身は、すべての長時間労働が絶対に悪だとは思っていません。

どうしても切りのいいところまで終わらせたいこともあるでしょうし、仕事が面白くてつい徹夜してしまうことだってあるでしょう。

でも、売上の不安から逃れるために、長時間労働に逃げてしまっていたとしたら？

「飲食業は、売上が不安になってくると、つい営業時間を延ばしてしまうんです」

こう語るのは、都内で飲食店を数店経営するティナズダイニング社長・林育夫さんです。シェフである林さんはご自身も日々、お店に立ってきました。林さんは言います。

「ある飲食店の専門雑誌にも、成功事例として、『お店はお客さんが来るまでに開ける。帰るまで開け続けること』と書いてありました。僕は朝10時半から次の日の朝６時まで働く日が増えました。

売上はわずかに増えても利益は少ないまま。50歳を過ぎて体力的には限界に達しようとしていました」

体力的にはもう限界。しかし当時の林さんはまだ、それ以外の世界があることを知りませんでした。

長時間労働について、先ほどのエスマート・鈴木さんはこうも言います。

「以前、仕事がつまらなかったころを振り返ると、そんな自分を正当化するために、年中無休で働いていた。そうすることでこんなに頑張っているんだから、と自分を正当化していたようにも思います」

そう、**人は仕事が楽しくて長時間労働をすることもあれば、仕事がつまらなくて長時間労働をすることもある**のです。

よく言われる「共依存」というものがあります。

特定の人物同士が依存し合っている状態を指す言葉で、たとえば、相手の収入に依存して働こうとしないパートナーに対して「自分がしっかりしなくてはダメだ」と思い込み、周囲のアドバイスも聞かずに関係を解消しようとしない例などがよく、共依存の例として挙げられます。依存されているほうも、「自分は依存されている」ということに依存している、ということです。

「売上の不安から長時間労働をしている人」というのは、仕事に依存している、あるいは「一生懸命働いている自分に依存している」という意味で、共依存の関係なのかもしれません。

だとしたら、本当に恐ろしいのは、その状態にいることになかなか気がつけないこと。しかし希望は今、自分はそうかもしれないと一度気づけば、そして、その必要はないことに気づきさえすれば、鈴木さんや林さんがそうだったように、目の前には「別の世界」が広がっていることにもまた、気づけることです。

1-4
「常識」からの解放

同業他社の伝票を盗み見るのが「常識」の世界

本書冒頭で浜田紙業・浜田さんのかつての営業活動「下をくぐる」という話を紹介しましたが、それにまつわるこの業界のちょっと驚くような「常識」を、彼が話してくれたことがあります。それは次のようなものでした。

「うちの業界では、同業他社の車を見かけた時に後をこっそりついていくような営業方法があります。その車は納品先に停車します。そうしてその会社の取引先を知り、下をくぐって取りにいくんです。また、納品先に他社の伝票が置いてある場合、チェックして取引先や価格を見る。そんなことも聞いたことがあります」

この話は会の会合の席でのものでしたが、その時、同じテーブルから「うちの業界もそう！」という声があがりました。

その声の主は、千葉県松戸市でロマン産業という会社を営む小山直子さん。ロマン産業はオフィスや店舗の清掃事業や個人宅に水の宅配などを手がけている会社ですが、ほとんど同じようなことが、彼女の業界でも「常識」とされ、行われていると言います。

「なので、うちも営業車には社名を書かないようになりました」

これは、いかに「常識」とはいえ、やっている側も本音はやりたくないことでしょう。

もっとも、浜田さんと浜田紙業、小山さんとロマン産業は、すでにこの「常識」から解放されています。「顧客の数だけ見る」という「別の世界」を知り、今はそこでビジネスを営んでいるからです。

しかし、もしこの世界を知らずにいたら、今ごろ彼らは、彼らの会社の社員たちは、どんな営業活動をしていたでしょうか。

「お悔やみ営業」という驚愕の手法

あなたは「お悔やみ営業」というものをご存じでしょうか?

さまざまな業種の方が集まる会を長らく主宰していますと、業界ごとの驚くような話を聞かせてもらうことも多いのですが、これは墓石業界でよくある営業方法のこと。葬儀を出されている家に飛び込み営業をかけるというものです。

何の営業をかけるのかといえば、墓石店ですから墓石の、です。

つまり、今まさに葬儀中の、遺族らが悲しみにくれているであろうその場所に、見ず知らずの人が、「墓石はご入用ではありませんか?」とやるわけです。

「これは本当につらかった」と言うのは、福井県越前市で石材業を営む宝木幹夫さんです。

水をぶっかけられるようなこともしばしば。しかし、そういうこと以上に、ご遺族の気持ちを推《お》し量《はか》れば、ご葬儀中のお宅に飛び込むこと自体が、精神的につらかったと。

しかし、このような営業方法も業界では「常識」。やらなければならない。他に方法はない、と思っていたとも言います。

あまりにもつらく、自分には合わないこの営業活動。これをこれからも続けるのか。自分は続けられるのか。

「お悔やみ営業をやめられないのなら、石材業をこれ以上続けることはできない」

先代から引き継いできた宝木石材でしたが、宝木さんはそう思い詰めるほどに、精神的に追い詰められていました。

そんなころ、宝木さんは「別の世界」に出合います。そして今は、彼と宝木石材は、この「常識」から解放されています。

地元の多くの住民やお寺さんに愛され、休みが取れないと嬉しい悲鳴が上がるほどの注文をいただいているそうですが、お悔やみ営業は今はもう、まったくやっていません。さらに言えば、**営業活動そのものをやっていない**、ということです。

しかし、もし宝木さんがこの世界を知らずにいたら、今ごろはどうしていたでしょう。宝木石材はもう廃業していたかもしれません。

「1000円以上の定食は売れないよ」

「この町では、1000円以上の定食は売れないよ」

東京都北区にある定食店「赤羽定食屋　農のう」の店長・宮地由加さんは、開業の際、何人もの人にこの言葉を言われたそうです。

農のうは食材にこだわった質の高いランチを提供していたのですが、それだけに昨今の原価高に苦しめられていました。

しかし、「ランチは1000円以内であるべき」という常識は、いまだに根強いものがあります。相談した多くの人が、「無理だ」と断言していました。

しかし、宮地さんは、価格を上げるというよりも「価格帯を広げる」という意識で、1000円を大きく超える旬の食材を使った高級ランチを用意しました。

すると、ほとんどのお客さんが、価格が高い旬の新メニューを選んだのだと言うのです。

しかも、「農のうさんの定食は裏切らないおいしさだね」と嬉しい声が数多く寄せられ、むしろ評判は高まったのです。

当然のことながら、単価が上がり、売上も利益も向上しました。

「この町では、〇〇円以上のものは売れない」

「今、宴会コースは、〇〇円以上にしてはダメ」

先ほどの林さんも、飲食業界にはそういう「常識」がまかり通っていると言います。

「ある飲食店向けセミナーに出席して、『５０００円以上のコース（飲み放題込み）を予約する会社は全体の２割未満です！』と、自信満々にスライドで説明を受けました。もちろんその年は、５０００円未満の飲み放題付コースの種類を増やして対応しました」

しかし、その後「別の世界」を知った林さんは、

「最初は７０００円くらいの高額なコース（飲み放題付き）が売れるようになり、このコースが当たり前になると、さらに高額のコースを売ることをはじめました。そして１００００円以上のコースもよく売れるようになっていきました」

宮地さんと農のうも、林さんとティナズダイニングのお店も、今や「常識」から解放されました。

しかし、もし宮地さんや林さんがこの世界を知らずにいたら、今ごろはどんな営業をしているでしょう。この原価・燃料高騰の中、それでも価格を抑えギリギリのところで営業を続けていたかもしれません。その利益圧迫分の帳尻を合わせるべく、営業時間を延ばしていたかもしれません。そうして、ご自身が健康を害していたかもしれないのです。

こういう「常識」は、およそすべての業界にあるでしょう。

そして、そのすべてが間違っていると言いたいわけではないのですが、「別の世界」があることもまた、早く知ってほしいと思うのです。

1-5

「パーパス」からの解放

二代目社長の憂鬱

私の主宰する「ワクワク系マーケティング実践会」には、全国の中小企業の二代目、三代目の会員さんも数多く参加しています。

彼らと話している中で、しばしば話題になることがあります。

それは、「パーパス」についてです。昔からの言い方で言えば「経営理念」です。

「経営にはパーパスが大事だ」という話ではありません。

むしろ真逆で、「パーパスが大事って言われてもね……」という、むしろ「愚痴《ぐち》」です。

「パーパス」という言葉は、ここ数年で一気に一般的になってきたと感じます。

パーパスの定義はさまざまですが、「企業の存在意義」などと解説されることが多いようです。

明確で力強いパーパスを持つ会社こそが成長できる。だからこそ、企業にとってパーパスは不可欠なものだ。そのことに、私も異存はありません。

実は会社を継ぎたくなかった？

ではなぜ、そのパーパスが中小企業の二代目、三代目を悩ませているのでしょうか。

そこには、こんな事情があります。


会社を継ぐことになった二代目、三代目が、商工会議所など経営者の集まりに参加すると、先輩経営者たちから必ずと言っていいほど「あなたの会社のパーパス（もしくは経営理念）は何か」を聞かれるそうです。

そして、「それを決めることが、経営にとって一番大事なことだ」というありがたい言葉をいただくのだそうです。

ただ、実はこうした二代目、三代目経営者の多くは、「会社を継ぎたくて継いでいるのではない」。これまで万を超える経営者と接してきた私の肌感覚で言えば、**「二代目、三代目経営者の半分以上は、仕方なく家業を継いでいる」**のです。

後継者に生まれたからには、会社と従業員を守らねばならない。場合によっては借金もまだ残っている。本当は継ぎたくなかったけれど、継ぐしかない……そんな人が極めて多いというのが、私の実感です。

これはこれで大きな問題だと思っているのですが、ともあれ、そうした二代目、三代目の経営者たちにとってみれば、「継ぎたくて継いだわけでもないのに、パーパスって言われても……」というのが、正直なところでしょう。

でも、そんな本音など言えるわけがありません。

仕方がないのでなんとかパーパスらしきものを絞り出す。でも、それを先輩経営者や銀行に発表すると、「いや、パーパスというのはもっと社会のためになるものでなくては」などとお説教をされる。

それが本当にしんどい……という話を何度も聞きました。

顧客からパーパスを教えてもらった大阪のバー

そうした相談を受けた際の私の返事は毎回、同じです。

「最初から立派なパーパスなんて作らなくていいから、とりあえず動いて、顧客数を増やしていこう。そうしたら、あとは顧客が教えてくれる」

自分たちがお客さんに価値ある提案をする。すると、お客さんに喜んでもらえることが増え、感謝の言葉もいただけるようになる。

その感謝の言葉がもっと聞きたくなって、さらにお客さんに価値ある提案を繰り返す。

そうしているうちに、

「そうか、世の中ではこんなことが求められているのか」

「自分の会社は、こういうことでお客さんに喜ばれる会社になっていくのがいいのかも」

ということが見えてくる。さらに、それに応えるためには何をしたらいいかも見えてくる。そして、いつの間にかそれが「パーパス」となっている。

それを体現する例として、先ほどのキースの例をご紹介しましょう。

山本さんがキースをオープンしたのは１９９６年のこと。別に、高尚なパーパスがあったわけではありません。

きっかけは、山本さんの友人が阪神・淡路大震災で亡くなったことでした。人間はこれほどあっけなく死んでしまうのかと思った山本さんは、「どうせ死ぬなら、やってみたかった自分の店をやってから死のう」と思ったそうです。

そして、２０１８年からは「顧客の数」を増やす経営に転換。

途中、コロナ禍もありましたが、順調に顧客が増えているキースでは、顧客同士が店で知り合い、仲良くなるケースも多くあり、人の輪が広がっています。

こうして、たくさんの顧客が集うようになってきたキース。そんな中で、山本さんの頭の中にある考えが浮かんできました。

バーは行き場のない、孤独を抱える人たちの集う場となる。だったら、この街の人々の「孤独をなくす」場にできないか……。

「街から孤独をなくす」というパーパスが、山本さんの中に下りてきたのです。

「孤独をなくす」というパーパスが下りてきた

こうして、山本さんの活動はさらに広がりを見せることになります。

たとえば、昼間に子どもたちも参加できるたこ焼きパーティを開いたり、「寺子屋キース」という社会問題を考える勉強会を開いたりといったイベントを積極的に行うようになりました。

さらには、アルコール依存症にならないよう、正しいアルコールの楽しみ方の勉強会を開いたりもしました。

実はこのアルコール依存症問題は、山本さんのもう一つの「パーパス」でもあります。

職業柄、アルコール依存に苦しむ同業者やお客さんを数多く見てきた山本さんですが、ある時、同業者が相次いでアルコール依存症で亡くなったりしたことを機に、「果たしてこれでよいのだろうか？」という疑問が湧き上がったそうです。

そこで、アルコール依存症勉強会を行うことを公表したところ、協力者が次々と現れました。ある顧客からは知り合いの医師を紹介され、自らもアルコール依存で苦しんだことのある大学教授からは協力の申し出があり、さらにはキースの会員でもある地元のお寺の協力で、勉強会の場所も貸してもらえることに。

こうして、お酒好きだけでなく、お酒が飲めない人、子どもや学生、さらには活動に共感をしてくれた大学の教授や地元の僧侶など、多岐にわたる人々が集うようになったのです。当然のことながら、顧客数は増えていきます。

バーの弱点は、「夜しか営業できないこと」です。しかし、キースは違います。昼間にイベントを開いたり、さらには物販なども展開することで、売上も拡大していきました。「顧客数」が増えたからこそ、多くの手を打つことができるようになったのです。

この「街から孤独をなくす」というパーパスは、山本さんが最初から持っていたものではありません。顧客の数を意識し、それを増やしていくうちに、見出されたパーパスです。

40代、50代経営者ほど強く実感すること

「顧客が教えてくれる」とはまさにこういうことなのですが、だからといって、このパー

パスは他人から与えられたものだということではありません。もともと自分の中にあったものが、顧客によって導き出されたということでしょう。

「ロゴセラピー」という療法の提唱者であり、ナチスの強制収容所を生き延びたことでも知られるヴィクトール・フランクルの言葉に、こういうものがあります。

「ミッションとはあなたが問うものではない。ミッションからあなたの人生が問われているのだ」

つまり、あなたの中にすでにパーパスはある、ということです。

お客さんから支持され、経営が安定していくと、心にも余裕が生まれる。そんな中からパーパスというものが生まれてくる。キースの山本さんは「もがいて動き続けた結果、ここにたどり着いた」と言いますが、まさに言い得て妙でしょう。

このように、**もがいているうちに自社の「パーパス」が見えてくる**ことはとても多いのです。特に40代、50代くらいの中小企業経営者の方と話していると、このことに強く同意してもらえます。

その意味でまた、パーパスも「顧客の数から生まれてくる」ということができるのです。

第
2
章

最強のKPIは「顧客数」

一番大事なのは、売上でもなく、利益でもなく「顧客数」。
しかし、本当にそれで経営はうまくいくのか。
顧客数をベースにした「顧客数経営」の世界を、
本章ではさらに詳しくご紹介していこう。

2-1

顧客数と売上は完全比例する

人口減少地の化粧品店の売上が増え続けている理由

「本当に『顧客の数だけ』見ていれば、さまざまな不安から解放され、売上は上がり、利益も安定するのか」

そう聞かれた私はいつも、ある会社の話をするようにしています。

滋賀県にある「ビューティーケアつかもと」という化粧品販売店です。

この店があるのは滋賀県甲賀市。過去20年近くにわたって人口減少が続いています。

この店が顧客数を意識的に指標にしたのは2003年のことです。

それまでも既存客を重視し、リピート客を「会員」として会員名簿を管理し、会員にはほぼ毎月ダイレクトメール（以下、ＤＭ）を出していた同店でしたが、２００３年からは顧客を増やす活動にシフト。

ＤＭを、それまでの商品が中心のものから顧客作りのためのものに変え、新規客お帰り後のアプローチやイベントのあり方なども変更。さらには、より来店客がゆったり買い物できるよう商品棚を減らして接客スペースを広く取るよう改装するなど、一貫して顧客の数を増やすためのものにしていきました。

その結果を表したのが次ページの表です。

見てもらえれば、顧客数と売上が完全に比例していることがおわかりいただけると思います。

顧客数はほぼ右肩上がり。当初のおよそ１７００人が今ではおよそ３９００人と倍以上になっています。

そして、売上自体もそれに完全に一致する形で右肩上がりに。しかも、顧客の年間購入額も上がっているので、顧客数以上に売上が上昇していることがわかります。

コロナ禍の際にはさすがに減少しましたが、それでも、たった４％の減。コロナでショ

ビューティーケアつかもとの売上と顧客数の推移

	伸長率	会員数	平均年間購入額	継続率	VIP会員数
2002	107.7%	1,723	45,360	62.2%	
2003	107.4%	1,895	47,577	67.8%	216
2004	110.3%	2,038	50,480	67.9%	289
2005	111.4%	2,154	55,812	72.0%	360
2006	107.3%	2,379	55,655	75.2%	374
2007	106.3%	2,529	56,527	73.1%	446
2008	104.4%	2,739	55,832	72.2%	477
2009	99.2%	2,753	55,598	71.5%	450
2010	103.2%	2,859	54,162	72.2%	456
2011	101.8%	2,893	55,491	72.3%	474
2012	105.1%	2,821	59,512	72.3%	548
2013	101.4%	2,822	60,064	72.4%	561
2014	102.8%	2,854	63,351	73.8%	588
2015	102.2%	2,940	62,477	74.4%	612
2016	102.2%	3,006	62,742	74.3%	641
2017	100.0%	3,078	61,561	74.5%	664
2018	98.7%	3,304	61,652	74.5%	658
2019	101.1%	3,119	60,599	74.5%	665
2020	95.9%	3,157	57,535	73.0%	642
2021	101.8%	3,137	59,065	73.4%	654
2022	107.1%	3,367	59,595	75.0%	702
2023	111.8%	3,935	57,359	75.0%	776

売上と顧客数（会員数）の推移

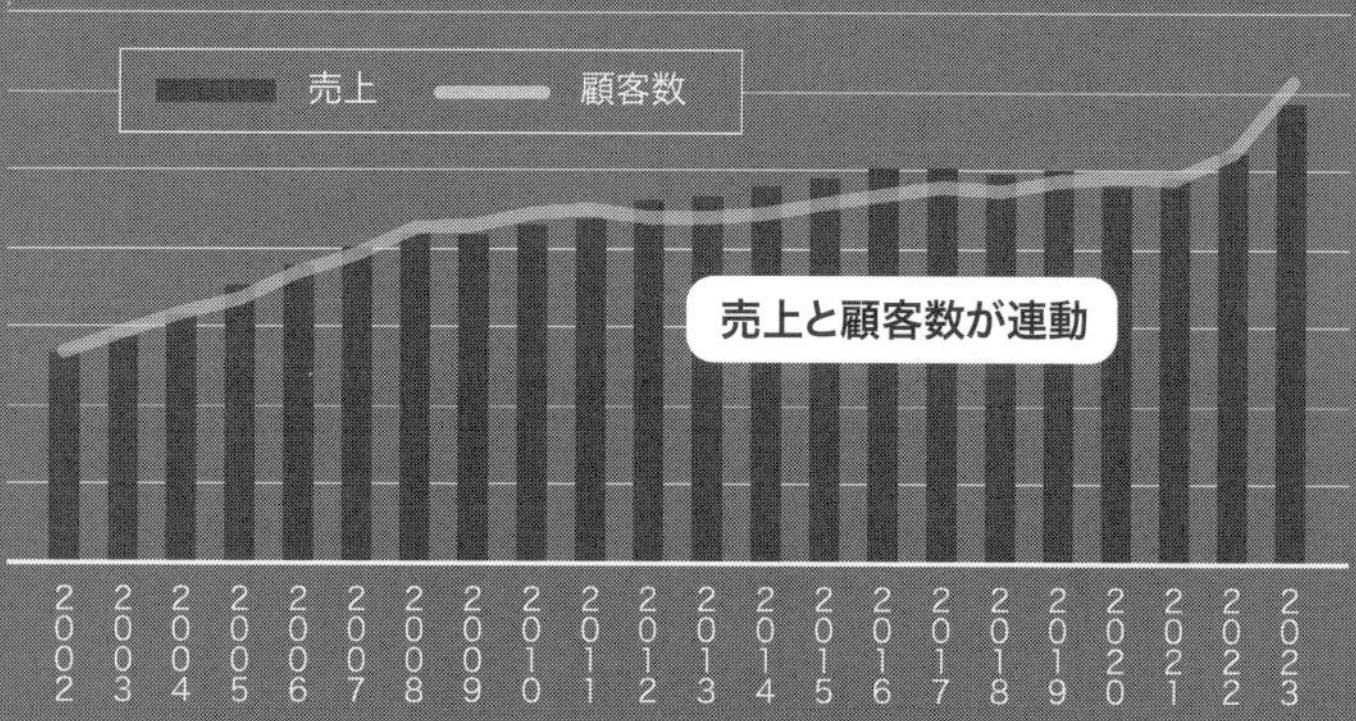

ッピングセンター自体の営業が制限される中、驚くべき数字と言えます。

そして、２０２３年にはなんと、顧客数が一気に５６８人も増えています。

顧客単価の上昇を何よりも表しているのが、「ＶＩＰ会員数」の推移です。

ビューティーケアつかもとでは、年間10万円以上使ってくれる顧客を「ＶＩＰ会員」と呼んでいます。この20年で顧客数がおよそ2倍になったのに対し、ＶＩＰ会員数は２１６人から７７６人と3倍以上になっています。

これがいかにすごいことかは、ビューティーケアつかもとの立地を考えれば、より明白になります。

「ビューティーケアつかもと」が入っているショッピングセンターは築30年ほどで、お世辞にも新しいとは言えません。市の人口減により集客力も年々減少しており、今では空き店舗も目立ちます。

ショッピングセンター内の店舗はどうしても、そのショッピングセンターの集客力に左右されます。その中で20年以上にわたって顧客数を増やし、売上も増やしているビューティーケアつかもとがいかに特別かがわかります。

ビューティーケアつかもとはまさに「顧客の数を指標としてきた」企業です。

すべての施策を、「顧客に喜んでもらえるか」「顧客の数が増えるか」に狙いを定めてきました。しかしその施策は、あっと驚くようなことでなく、最新のＩＴを駆使するようなものでもなく、どんなお店・会社でもできるようなことばかりです。

ビューティーケアつかもとの社長・塚本和也さんは、こう語ります。

「たいしたことは何もやっていません。コツコツと地味なことを、ひたすらやっているだけです」

大事なことは、「何をやるか」の前に、「何を指標として見るか」なのです。

そもそも、顧客とは誰のことか？

ここで大前提をお話ししておきたいと思います。

これまで当たり前のように使ってきた「顧客」という言葉について。

より具体的には、「顧客とは誰か」ということです。

まず、一度でも自社の商品を買ってくれた人、サービスを受けてくれた人。これは、私の定義では「お客」となります。

その後、二度三度と買ってくれた人は「リピーター」になります。

ここでいう「顧客」とは、その先の概念です。

リピート購入＝顧客ではなく、その相手を「顧客」と呼ぶためには、もっと重要で決定的な要素があります。

それは、その相手の「心の在《あ》りよう」です。

その「心の在りよう」は、主に三つの「在りよう」から成り立っています。

1　愛着を持っている
2　信頼を寄せている
3　共感を抱いている

この三つの「心の在りよう」をまとめて「絆《きずな》」と言い、この「心の在りよう」を持った顧客を私は普段「絆顧客」と呼んでいますが、本書では「顧客」という言葉に統一します。

会員システムを持っている店や企業においては、「顧客＝会員」という考え方もできますが、会員化を進めていなくてもこの三つの心の在りようを持ってくれていれば顧客ですし、逆に、会員になっていても顧客だとは言い切れません。

リピーターが増えても意味がない？

たとえば、あるドラッグストアに初めてお客さんが来てくれた。これは「お客」です。そのお客さんが毎日のように来るようになってくれた。これは「リピーター」です。

よく、「リピーターが大事」と言われます。

私もそう思いますが、ただ、単なるリピーターをいくら増やしても、それは安定的な売上にはつながりません。

たとえば、その後近くに新しいドラッグストアができ、さらにそちらのほうが安ければ、リピーターの大半はそちらに行ってしまうかもしれません。仮に「会員」になってくれていても、新しい店のほうがポイント還元率がよかったら、やっぱり去っていってしまうか

3種類の「客」

「お客」

一度でも商品を買ってくれた人、サービスを受けてくれた人、足を運んでくれた人。まずはここがスタート。

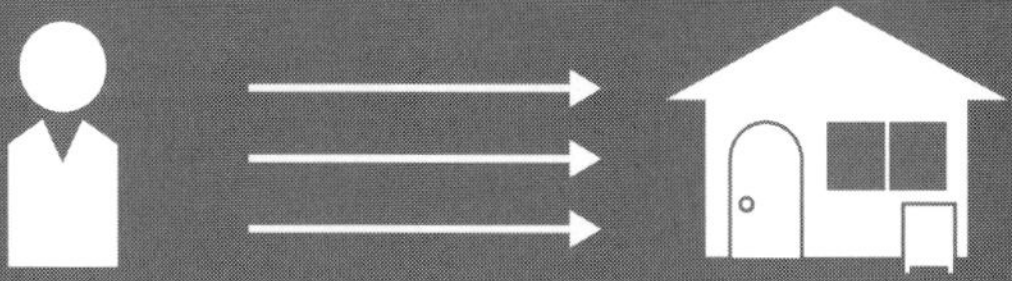

「リピーター」

二度、三度と買ってくれた人、足を運んでくれた人。ただし、他にいい商品や店ができれば、そちらに移る可能性がある。

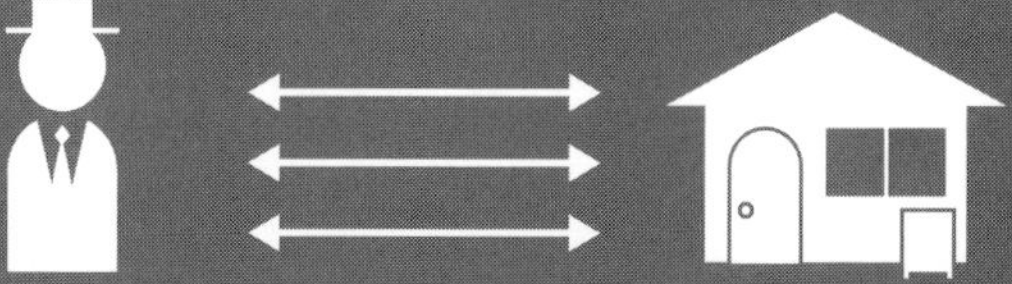

「顧客」

愛着と信頼と共感を持ってくれている人。そう簡単には離脱しない。

いかにお客やリピーターを「顧客」にしていくかが、経営安定のカギを握る。

もしれません。

一方、新しい店ができても、変わらず自分の店に来てくれた。こうなるとその人は「顧客」といっていいでしょう。

つまり、**「顧客」とは、「その店に愛着と信頼と共感を持っている」から、もし近くに別の店ができてもあえてその店で買おうとするし、口コミで広めてくれたりもする人のこと**を指すのです。言い換えると「ファン」となるでしょう。

あなたの家の近くに、お気に入りのレストランがあったとします。料理も絶品だし、店主の人柄も素晴らしい。行くたびに幸せな気分になります。

すぐ隣には別の店やチェーン店のレストランもありますが、大事な日には必ず、そのお気に入りのレストランに行くようにしています。

その店がある事情で、車で10分ほど離れた別の場所に移転することになったとします。

その時、あなたはどうしますか。

ちょっと遠くなったからといって、代わりにすぐ隣にある別のレストランに行くでしょうか。

おそらく、そうはしないと思います。10分かけてでも、その店に通うはずです。ひょっとしたら電車で数十分かかるような場所にその店が移転したとしても、通い続けるかもしれませんよね。

このような人が「顧客」です。

遠方からの顧客が８割も

実際の例を挙げましょう。第１章でお伝えしたティナズダイニング・林さんが営むお店に、「あまからくまから」という、ジビエ料理が自慢の店があります。

同店も２０１７年から、しっかりと「顧客の数」を見てビジネスをやってきました。

この店では、看板料理である熊肉料理を繰り返し食べに来る顧客を、同じ「顧客」の中からさらに識別してしっかり把握しているのですが、先日改めてその内訳を見て、驚いたそうです。近隣ではない、**地下鉄で30分以上かかる遠方からの顧客が８割以上を占めていたのです。**

店がオフィス街にあることもあり、以前は近くで働いている方や住んでいる方の利用が多く、お客さんの9割が新規客。リピーターとしてすら定着しない店でした。林さんは、肌感覚では「最近、常連さんが増えたなあ」と感じてはいたものの、数字を見て改めて「これほどとは」と思ったと言います。

先日も大きい旅行かばんを持ったお客さんたちが来店され、林さんとこんな会話をしたそうです。

「どちらから来られたんですか?」

「高知からです！　去年に引き続き2回目です！　去年は友人に連れて来てもらったので、今年は私が友だちと来ました」

これがまさに「顧客」です。**「顧客」の存在は、場所や時間の制約を超える**のです。

顧客が増えると、値引きもなくなる

これは、企業間取引の、いわゆるB toBの世界でも同じです。

浜田紙業は石川県にあるのですが、県内には同業者が多数あります。また、主な取り扱い商品が大手メーカー品であり、それがティッシュなどの扱いやすい紙製品であることから、同業以外の売り手となるとさらに多いそうです。県内でもそうなのですから、日本全国となると、同業はものすごい数になるでしょう。

にもかかわらず浜田紙業には、県外の顧客も多数存在しています。しかも、取引先はさらに広がっています。どこでも買える商品をあえて、県外の会社から買っているのです。

その理由は決して、「価格が安いから」ではありません。

浜田紙業では特に２０２１年以降、「顧客の数」を見てビジネスに取り組み始めたのですが、それから取引先との関係が目に見えて良好になったと言います。無理な値引き要求も、納期要求もありません。そういうことが理由で、わざわざ県外から発注してくれているわけではないのです。

それどころか、昨今の物価高を踏まえ、「おたくは大丈夫なの？　ちゃんと値上げしてよ」と先方から言ってくれたり、数カ月先までの発注をしてくれた上で、納品前の先々の商品の支払いまで先払いしてくれる顧客もいるとのことです。

言うまでもなく、浜田紙業の業績は顧客数経営を導入以来、右肩上がりを続けています。

強い絆を持つ取引先。

ライバル企業が攻勢をかけてきたとしても、そうやすやすとは取引が変更になるとは思えない取引先。それが「顧客」企業です。

BtoBの世界でもやはり、「顧客数」が最強の指標になり得るのです。

あなたの会社や店には、「顧客」が何人くらいいるでしょうか。
ちょっと立ち止まって考えてみてください。

2-2

その時、ビジネスはごく単純な「掛け算」になる

多くの経営者が悩む「二律背反」

では、なぜ「顧客の数」だけを追うと、売上も利益も上がるのでしょうか。
売上とは、一般的には次の式にて構成されます。

売上＝客数×販売数量×単価

この三つをすべて伸ばすことができればベストなのですが、**客数と販売数量と単価は、し**

ばしば反比例となります。

客数を増やそうと安売りセールを行うと、単価は下がってしまいます。

また、「まとめ買い」キャンペーンで一品当たりの単価をお得にし、販売数量を増やそうとすることもしばしば見られます。ビューティーケアつかもとの化粧品業界などでは一般的な手法です。ただ、単価は下がりますし、長期的に見れば来店頻度が減るわけですから、客数の増加も期待できません。

逆に単価を上げようと高額商品ばかりを揃えると、安さを求める客は減ってしまいます。

このように「どこかを上げれば、どこかが下がる」状態です。

もちろん、マイナス以上にプラスが出れば売上もアップするわけですが、そう簡単にはいかないからこそ、多くの人が「二律背反」に悩むことになるのです。

すべてがアップする「顧客の方程式」

ここで、「客数」を「顧客数」にすると、この式にもある変化が起こります。

顧客数↑×販売数量↑×単価↑＝売上↑

このような式が成り立つようになるのです。

「そんなうまいことといくのか」という話かと思いますが、つまり、こういうことです。

まず、顧客数を増やすと、販売数量もまた、確実に上がっていきます。

ある店や会社に愛着や信頼や共感を持った顧客は、まず、その店や会社を繰り返し利用するようになりますし、コミュニケーションを取ろうとします。

すると、次第に来店頻度は増え、接触回数も増えます。そこに、いわゆる**「単純接触効果」**がはたらき、一層ロイヤリティが高まり、利用が増えるという循環が起こります。それに応じて販売数量（飲食店のような業種なら来店回数）が増えていく、ということです。

ちなみに、「単純接触効果」とは、心理学では古くから知られる現象で、ある対象に繰り返し接触することによって、その対象への警戒心が薄れていき、好感度や親近感が増すとされるものです。

ビューティーケアつかもとのデータを見ると、２００２年の会員（リピート客）の平均年間購入金額は約４万５０００円ですが、２０２３年には５万７０００円になっています。

これは典型的な結果です。

「顧客数の方程式」

顧客数↑× 販売数量↑× 単価↑＝ 売上⬆

顧客を増やすと販売数量も単価も
上がるという好循環が生まれる。

■安売り

客数↑× 数量↑× 顧客単価↓

■まとめ買いキャンペーン

客数↓× 数量↑× 顧客単価↑

■高額商品販売

客数↓× 数量↓× 顧客単価↑

「顧客」がいないと、
「どこかを上げればどこかが下がる」状態から抜け出せない

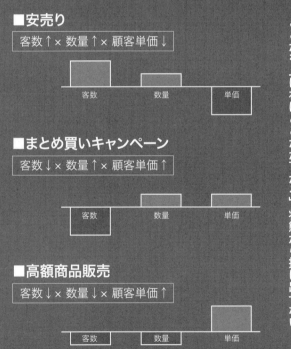

もちろん、じっと待っていてこういう状況が生まれてくるわけではありません。化粧品は基本、使い切らないと次のニーズが発生しません。ビューティーケアつかもとでは、それを待つのではなく、お手入れ方法のアドバイスやメイクのレッスンイベントなどを開くことで、来店頻度を増やす仕組みを作っています。店舗を改装し、商品を置くスペースを削減し、かわりに座り心地のいい椅子とカウンターを整備したのも、「また行きたい」と思ってもらうための施策です。

「顧客数」を指標にしてビジネスを営む店や会社は、お客さんが行動してくれるのを「待つ」ことはしません。

また逆に、**「売り込む」こともしません。だから顧客は安心して「ふらっと立ち寄る」ことができます**。

そういう活動が、結果として販売数量を押し上げていくのです。

「貢献実感」を求めるからこそ、訪問回数も単価も上がる

もう一つ、この現象を説明するのが**「貢献実感」**という概念です。

人は、ある店や企業に愛着や信頼、共感を抱くと、その店や企業に貢献したくなる。そのため、他店より高くてもその店で買い続けたり、より高額な商品や多様な商品を買ってくれるようになります。

昨今では一般的になりつつある「クラウドファンディング」はまさに、それが形になったものだと言えるでしょう。

多くの企業が新しいサービスを提供するため、また、時には窮地を乗り越えるために、クラウドファンディングを利用しています。そこへ投資することで返礼品がもらえることもありますが、基本的には「持ち出し」に近いことがほとんどです。

つまり、**顧客は自分の気に入っている会社や店が発展するためならば身銭を切ってもいい、と考えている**のです。

そういう貢献実感ゆえ、顧客は着実に自分が愛着と信頼、共感を抱いている店で買おうとします。ビューティーケアつかもとの顧客の平均年間購入額も、2002年に比べ1万2000円ほどアップしていますが、顧客はそれだけ着実にこの店で買おうとするのです。

そして、ここが重要なのですが、同店の商品の多くは大手メーカー品であり、別の店でも購入できます。時にはより安く買える店もあるでしょう。しかし顧客はこの店で買うのです。

これはまさに顧客が貢献実感を求めていることの証《あかし》です。

かみ砕いて言えば、**顧客は「あなたから買いたい」と思う人から買いたい**。そしてそれは、顧客にとっての喜びだということです。

ストーリーを語ることで「共鳴価値」が生まれる

また、顧客数を増やすと、単価も上がります。

この現象を説明するのが**「共鳴価値」**という概念です。

「共鳴価値」とは、顧客と企業やお店、ブランドや商品・サービスとの間に生まれる感情的な共感を意味します。往々《おうおう》にして、驚きや感心、感動を伴って受け入れられる価値であり、それまで意識していなかったものの、そこに共鳴できる価値観を感じられたとき、共鳴価値が生まれます。

身近な例で考えてみましょう。

たとえば近所にあるレストラン「A」は、単に美味しい料理を提供するだけでなく、料理のストーリーが語られます。そのストーリーはいつも新鮮で、大変興味深いものです。地元の農家から直接野菜を仕入れ、地元の漁師とも提携していて、彼らのストーリーも食材とともに語られます。また、店主や店員が、自らのことも語ります。

あなたは「A」を訪れる度に、店内の掲示物や店主らとの会話を通じそれらのストーリーを知り、農家や漁師の顔写真を見ることができます。これにより、この店で料理を楽しむことが単に「美味しい」を超え、この店で過ごすこと自体に「共鳴価値」を感じます。

一方で、近くには全国チェーンのレストラン「B」もあります。こちらもAに劣らず美味しい料理を提供していますが、特に地元との関わりやストーリーの共有はありません。

結果として、「A」のほうがあなたにとって特別で、通う理由は単なる料理の味以上のものになります。これが共鳴価値の典型的な例です。

顧客数が上がると、単価も購入頻度も上がる3つのメカニズム

接触効果：

ある企業や店に愛着、信頼、共感を抱くと、顧客はより密にコミュニケーションを取りたくなる。そして、コミュニケーションを密に取ればとるほど、ロイヤリティは上がっていく（単純接触効果）。

貢献実感：

ある企業や店に愛着、信頼、共感を抱くと、その対象に貢献したくなる。そのため、確実にリピートする（リピート率 UP）、より来店回数を増やす（頻度UP）、より良いもの（高価なもの）を買う（単価 UP）、さまざまな商品を買う（販売数量 UP）という行動を取る。

共鳴価値：

ある商品やサービス、企業や店に、感情的な共感と共に価値を感じたとき、人は「買いたい」のスイッチが入り、「高い・安い」という視点で物事を見なくなり、喜びと共に購入する。その結果として、高いものも買ってくれるようになり、顧客化も進む。

「共鳴価値」で客単価2倍に

「共鳴価値」がなぜ、単価を上げるのか。

実際の例を示しましょう。

ジビエ料理店・あまからくまからでは以前、提供していたある熊肉料理のメニューに次のように記していました。

まずは料理名。「これが最高の熊鍋です！　飛騨の伝説の熊撃ちが仕留めた月の輪熊入荷しました。『究極の月鍋』」。

加えて、次の文章が続きます。

「飛騨の伝説の熊撃ちIさんは、70歳過ぎでありながら、200メートル先の的《まと》のど真ん中を打ち抜く凄腕猟師。彼独自の門外不出の熟成技術で2週間じっくり吊るしてから入荷しております。知り合いのシェフは『彼の熊で作ったスープは味が他とはまるで違う』と言います。他の料理人との奪い合いを制して入荷しております。是非この機会にお召し上がりください」

まさに「ストーリー」が語られていることがおわかりいただけるでしょう。

あるいは、こういう熊料理もあります。「ヒグマと月の輪熊ってどっちが美味しいの？『鍋で対決！ヒグマvs月の輪熊　熊鍋コース』」。

これには次の説明が続きます。

「よくお店でお客様から聞かれるんです。ヒグマと月の輪熊ってどっちが美味しいの？正直、どちらのお鍋も美味しいです（笑）。でもこれでお客様自身で確認できるんじゃないかと思います。今の時期が一番美味しい穴熊のタタキもついてます！」

これらの料理は以前同店が出していた料理よりずっと高価ですが、この「価値」に「共鳴」したお客さんにとってその価格は「妥当」。どれも大人気メニューになっています。

だからこそ、顧客単価が上がっていくのです。あまからくまからでは、この取り組みを始めた２０１７年に５０００円前後だった顧客単価は毎年上がり、現在は1万２０００円を超えています。なんと、２・2倍。しかもなお、顧客は増え続けています。

共鳴価値がなぜ単価を上げるのか。

それは、**人が会社や店、商品やサービスに対して強い共鳴価値を感じると、「高い・安い」がなくなる**からです。

そこにまた、あまからくまからのように、より価値の高いものを考え、生み出し、その価値にふさわしい価格をつけて提供していく。すると顧客もまた、「驚きや感心、感動を伴って」それを受け入れていく。

この循環が単価を上げていくのです。

顧客数が増えると、生産性も上がる

山梨県甲府市の和菓子店、松林軒。ある時、店主の鈴木さんから、2023年度の業績を振り返っての報告がありました。この年はすべての月で前年を上回る好結果だったとのことでしたが、それについて鈴木さんはこう感じたと言います。

「そんなに忙しかったかな?」

本書の序章で鈴木さんの以前のありようをお伝えしました。早朝から夜までくたくたになるまで働いていた鈴木さんでしたが、現在の余裕があるともいえる状況を、こう自己分析しています。

「それなりに仕事には時間を費やしていますが、週休2日制にして早2年近く、1日1日、少しずつ余裕が生まれ、それが2年近く積み重なった結果だと考えています。1日のうち、のんびりできる時間、自分の時間、家族との時間がきちんと取れるようになりました」

そう、実は松林軒もエスマート同様、「顧客数経営」に踏み込んだ後、２０２１年から店休日を増やし、週休２日になりました。

エスマートにしても松林軒にしても、店休日が増え、1年の総営業時間が短くなっているのに、売上が上がっています。

もちろん、店舗が増えたわけではありません。この状況を鈴木さんは「生産性が向上した」と分析しますが、その通りでしょう。

ちなみに、「生産性」の向上とは、次ページの式で表されます。経済産業省の「中小サービス事業者の生産性向上のためのガイドライン」にある公式です。

生産性向上

＝

付加価値の向上、革新ビジネスの創出

効率の向上

出所：「サービス産業におけるイノベーションと生産性向上に向けて」報告書（平成19年4月）

この式の分母は「効率の向上」で、生産性の向上が叫ばれる時、常に出てくる課題です。しかし鈴木さんは、効率の向上を図ったわけではありません。式の分子に「付加価値の向上」とありますが、これは「提供するサービスの価値を増大させる（売上向上）」とされており、鈴木さんが実現したのは、まさにここ。そして、それを支えているのは「顧客の数」です。

だから「顧客」が増えると、生産性が上がるのです。

顧客が増えると、顧客がさらに増える!?

さらに、顧客が増えると、顧客が増えます。

何を言っているかわからないかもしれませんね。

でも、紛れもなく真実です。

ある会社や商品、店に愛着と信頼、共感を抱いた人は、それを誰かに薦《すす》めたくなります。そして、口コミやＳＮＳ、グルメサイトなどのさまざまな方法で、実際に広めようとしてくれます。

なので、**顧客が増えれば増えるほど、特別な努力をしなくても新しいお客さんが常にやってくる状況になる**のです。

そして、そのうちの何割かの人が「顧客」になっていく。

これが、「顧客が増えると、顧客が増える」からくりです。

「あまからくまから」でも、高知から新たな友だちを引き連れてきた顧客の話がありましたが、まさにそういう感じです。

ビューティーケアつかもとでは、さらに驚くべき現象が起こっています。それはなんと、「同業他社からの紹介」です。

ここ30年ほどで化粧品店は激減しています。業界団体の会員数は１９９５年に１万６３１０店だったのが、２０２１年には３６９５店と、実に４分の１以下になっているそうです。ビューティーケアつかもとのある滋賀県甲賀市や近隣の町は人口減少自治体ということもあり、同業者が相次いで廃業していっているとのこと。

そんな同業者が廃業の際、自分たちの顧客に「つかもとさんなら同じものが買えますよ」「あそこは良いお店ですよ」と紹介してくれるのだそうです。

同店では2023年に顧客が568人も急激に増加したのですが、それはこの「同業者からの紹介」によるものが大きかったと、社長・塚本和也さんは言います。

もともと口コミ客や紹介客の多かったビューティーケアつかもとですが、さらに「同業他社からの紹介」が加わることで、さらなる好循環が生まれているのです。


いかがでしょうか。

ここで、多くの人を悩ませていた二律背反の問題がクリアされます。


顧客数を増やすと、販売数量が上がる。

顧客数を増やすと、単価が上がる。

顧客数を増やすと、顧客が増える。


つまり、**「顧客を増やすと、確実に売上が上がる」**ということになるのです。

2-3

なぜ、「顧客数」こそが最強のKPIなのか？

明日の心配から逃れるために

顧客数「だけ」を見ることのもう一つの意味、それは「明日の心配がなくなる」ということです。

売上は、ある日突然消え去ってしまうことがあります。
コロナ禍がその象徴的な例でしょう。
利益も、急速に消え去ってしまうことがあります。
原価高騰がその象徴的な例でしょう。

しかし「顧客」は、そう簡単には消え去りはしません。

そして、売上や利益が消え去ってしまった時、助けてくれるのが「顧客」です。

前述したキースでは、コロナ禍で通常営業すらできなくなりましたが、顧客がその時期を支え、今日《こんにち》に至っていることは、第1章でお伝えした通りです。

そんなキースがその後、さらに直面したのは、ウイスキー価格の上昇でした。

原材料や輸送費のアップに加えて、世界的なウイスキー人気もあり価格が急騰。今まで1000円台で提供していたウイスキーを3000円台まで値上げすることを余儀なくされたそうです。

しかし、顧客は減るどころか増加し続けています。

キースの顧客はウイスキーを買いに来るのではなく、キースで過ごす時間を買いに来るからです。

そして、値上げによって単価が上がったことで、売上はむしろ伸びたのだそうです。

顧客数こそが、企業にとっての最大の資産である

コロナ禍や原価高騰のような危機は、今後も何度も訪れることになるでしょう。

今、絶好調のインバウンド消費も、突然ゼロになってしまうこともあるかもしれません。

小麦やオレンジだけではなく、あらゆる原価が数倍になるかもしれません。

でも、顧客だけは、そうそう変わりません。

顧客＝単なるリピーターではないがゆえに、**1000人の顧客が来年、急に1人になってしまうようなことは、まず、ありません。**

「人的資本経営」という言葉が広く使われるようになってきているように、「社員の能力や経験は企業にとっての資産である」という発想は、広く受け入れられつつあります。アメリカに続いて日本でも、2023年3月期から上場企業には人的資本の開示が義務付けられることとなりました。

ただ、私に言わせれば、「顧客」もまた、企業にとって非常に大切な人的資本です。

決算書には表示されませんが、顧客数こそ、企業にとって一番安定した資産なのです。

顧客数とは「水の入ったバスタブの大きさ」

顧客数の重要性を表現する際、私は「フロー」と「ストック」という概念を使います。水道から出ている水が「フロー」であり、それをバスタブに貯めたものが「ストック」だと考えてください。

通常時なら、水道の水はいくらでも使うことができます。

しかし、なんらかの理由で水道が止まってしまったら、どうなるでしょうか。水道だけに頼っていた人は、水を飲むことも身体を洗うこともトイレを流すことも、何もできなくなってしまいます。

一方、バスタブに水を貯めておけば、その水でしばらくはやり過ごすことができます。

一見客《いちげん》だけに頼るビジネスはまさに「水道の水」と同じです。水道が機能しているうちはいいのですが、水が止まってしまうと、ビジネス自体が立ちいかなくなってしまいます。

だからこそ、水道の水をストックとしてバスタブに貯めておくべきなのです。

キースはまさに、コロナで「水道の水が止まってしまった」状態になりました。

しかし、顧客というストックを貯めていたからこそ、すぐにでも案内を出すことができました。もし顧客というストックがなければ、いつ終わるともわからないコロナ禍の中、何もできずにじりじりするばかりだったでしょう。

72ページに、ビューティーケアつかもとの業績の推移の図を載せましたが、２０２０年の数字をもう一度ご覧いただければと思います。

前年を４％ほど下回っていますが、この年はコロナ禍の真っ只中。しかも、世界中の人がおびえ、外出は自粛されていた時期です。同じ年、全国の百貨店での化粧品売り場では売上が80％落ちた月もありました。つまり、そんな中でも「たった４％」しか落ちなかったのです。

では、なぜビューティーケアつかもとの売上は４％しか落ちなかったのでしょうか。

それは、顧客をストックしていたからです。キース同様、顧客に対して早々に働きかけることができたのです。

一例を挙げれば、配送や発送のご案内。配送・発送は従来から行っていましたが、この時期に気軽に使ってもらえるよう、公式LINEアカウントを設置。外出を控えている顧客に、「送れますよ！」とPRしました。

また、「コロナ見舞い」として、当時入手困難だったマスク5枚とハンドクリームのサンプルなどをセットに、顧客を気づかう内容の手紙を送付。これに対する反応はすさまじく、電話やファックス、LINEなどでたくさんの感謝のメッセージが届いたそうです。

さらに、来店する顧客向けには、椅子席を減らすなど通常の感染対策を講じるだけでなく、顧客との間を隔てるシートにシールを貼り、楽しさ・可愛さを演出。さらに、たくさんのお菓子を用意するなど、少しでも心なごむ楽しいひとときを過ごしてもらえるよう、趣向を凝《こ》らしました。

こうした一連の施策に乗って、ストックされていた顧客は動きました。売上がわずか4%減に留まったのは、その結果だったのです。

顧客数の大きさは、あなたが持っているバスタブの大きさと言えるでしょう。

それは利益の源泉であるとともに、何かあった場合、あなたを救ってくれる存在でもあるのです。

フローのビジネスとストックのビジネス

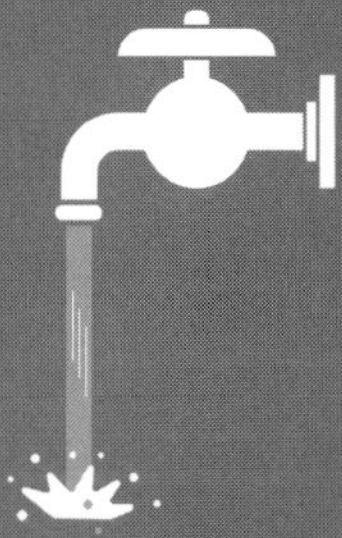

フロー
flow

- ◆流れていくもの
- ◆新規客、一見客
- ◆人通りの多い場所、目立つ場所への立地が重要
- ◆広告、SEOなどで集客。1日当たりの利用客数や売上を重視
- ◆景気変動の影響大

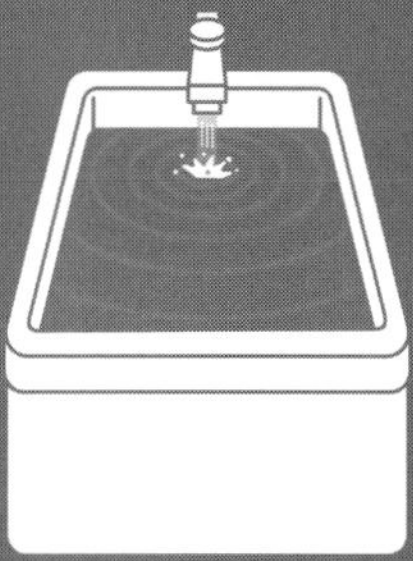

ストック
stock

- ◆貯蓄されたもの
- ◆常連客、リピーター、会員、ファン
- ◆立地はあまり関係なく、継続的なコミュニケーションが重要
- ◆「顧客数」や顧客リストを重視
- ◆景気変動の影響小

2-4

「うちのビジネスには顧客数とか関係ない」という人へ

「このドライな世界では通用しない」、という勘違い

「とうとう、うちにも、お客さんから『お歳暮《せいぼ》』が来ました」

浜田紙業の浜田さんは、そう言って顔をほころばせました。

同社が行っているのは、競合他社も扱える大手メーカーの紙製品を企業に卸《おろ》すというビジネス。そんな卸先の会社からお歳暮をもらった、というのです。

仕入れているメーカーからお歳暮をもらったというのなら、まだわかります。

そうではなく、自社の商品を買ってくれている得意先から、さらにプレゼントまでもら

ってしまった、ということです。

たとえるなら、自分の店に来て商品を買ってくれたお客さんが、それとは別にプレゼントまでくれた、ということ。しかも、それがB to Bの世界で起きた、ということです。

その話を聞いた私は嬉しくも驚いたものですが、一番驚いたのは当の浜田さんでした。

ちなみにこの会社は浜田紙業のある石川県から遠く離れた関東の会社。しかも、お礼状までついていたとのことです。


実は私の会員企業では、こうした「お客さまからお歳暮をもらう」という事例はそれほど珍しいことではありません。ただ、それがB to Bの世界で、しかも浜田紙業のようなビジネスでも起きたのは、浜田さんにとっても私にとっても驚きだったのです。

「顧客数を増やすという考え方はあくまでB to Cの世界の話で、B to Bのドライな世界では通用しない」と考える人は数多くいます。事実、企業間取引の世界はドライです。浜田さんも「うちの業界も、砂漠のような業界です」と言います。

しかし、だからといって「通用しない」と思い込むことが間違っているのは、この浜田紙業の例を見れば一目瞭然でしょう。

「FCチェーンでは起こらない」というのも誤解

「しかし、そういうことが起きるのは個人商店や、浜田紙業のようなタイプの会社で、全国一律のFCチェーンの一店舗では起きないでしょう」

そういう声もたまに聞かれますが、それも誤解です。

たとえば、ある全国規模のコンビニエンスストアでも、こんなことがありました。

ある日、この店に常連顧客が来店しました。その時レジに入っていたのは、勤続5年以上のあるベテランスタッフだったのですが、その人は手術での休業明けの、復帰直後でした。

この顧客は同店でよく菓子折りを買っており、この日もバックカウンターに並んでいる菓子折りを2個購入し、言いました。

「どっちがいいかしら？　あなた選んでよ」

そこでそのスタッフが片方を選び、会計が終わると、彼女はこう言いました。

「あなたの退院祝いだからどうぞ」

特に退院直後であることをＰＲしていたわけでもなく、店主もそのスタッフも本当に驚いたそうです。

実は、この顧客とスタッフの間には以前、こういうことがありました。

その前の年、その顧客のマンションで水道水が使えなくなったことがあり、水のペットボトルを大量に購入するために来店したそうです。そこでこのスタッフが、「どうかされたんですか？」と聞いたことから事情が判明。スタッフは「もうすぐシフト終わりですから」と、自宅まで配達したそうです。

同店では他にも、店主と別のスタッフが顧客からランチに誘われ、伺ってみるとそれが一人１万円近い料金のコース料理だったことなどもあるそうです。

同店は、「笑顔でゆとりある接客」「積極的な会話」「お客様をお待たせしないフォロー体制」を接客ポリシーとしているそうですが、まさにそうした姿勢が顧客の心をつかんでいるのでしょう。

多くの人が誤解されているな、と私が思うのが、「企業間取引では」「FCチェーンでは」といった点です。

どんなビジネスでも、買っているのは「人間」です。

だからこそ、どんなビジネスでも同じことは起きるのです。

メーカー従業員が直面する「壁」

「小阪さん、何度説明しても、どうしても会社の上層部が首を縦に振らないのです」

私の会にはメーカーに勤める社員の方も数多く参加しています。彼らの多くは自腹を切って会に参加してくれており、会員企業から得たことを自社に活かそうと奮闘してくれているのですが、どうしても「壁」にぶち当たることが多くあります。

先ほどの、「顧客数を増やすという考え方はあくまでBtoCの世界の話で、BtoBのドライな世界では通用しない」「チェーン店では起こらない」という反論とともに、もう一つ、私がよく受ける反論があります。

それが、「顧客数など、メーカーにとっては意味がない」というものです。

メーカーには、「顧客一人ひとりとつながることなど不要。ＣＭやネット広告、あるいはインフルエンサーに働きかけて不特定多数にアプローチすることで、ヒット作を作ることが何より重要だ」と考える人が多いようです。中でも、マスマーケティングが効いた時代を知る年輩の人の中に多いとも聞きます。

また、メーカーは作ったものを直接ではなく代理店や卸、小売りを使って販売することが多いため、顧客情報が取りづらい、という問題もあるでしょう。

その結果として、メーカーに勤める会員さんがいくら「顧客の数を増やしましょう！」と主張しても、「メーカーには意味がない」という「壁」にぶち当たってしまうのです。

メーカーでも「顧客化」できれば、世界が変わる

もし、そんなメーカーの上司の方と直接お会いする機会があれば、私がお伝えするのはただ一つです。

「それでは、いつまでたっても明日の売上を心配し続けることになりますよ」

ＣＭや広告が必ず、期待した通りの効果を発揮してくれるというのなら、こんなに簡単なことはありません。新商品が必ずヒットするなら、これほど楽なことはありません。

ただ、現実にはそんなわけがありません。

結果として、いつまでたっても明日の売上の心配が続いてしまうのです。

確かに、売上のすべてが直販でない限り、メーカーがすべてのお客さんの情報を入手して、「顧客」にしていくのは不可能です。

しかし、顧客リストは手元にないとしても、事実上、顧客にすることができたら？

その人たちが一生、自社の製品を買い続けてくれたら？

1年に1万円でも、10年で10万円、30年で30万円になります。そう、いわゆる「ライフタイムバリュー」です。

以前、ある大手食品メーカーの役員にこういう話を聞いたことがあります。

その会社では当時、あるヨーグルトドリンクが大ヒットしていたのですが、その重要なポイントは、「商品がヒットした」のではなく、「この商品を飲み続ける顧客を増やすことができた」という点にあると。

その方いわく、自社でもずっとヒット商品を狙い続けてきて、新商品発売の際には、認知を広げるためにＣＭも盛んにやってきた。しかし、特にこのヨーグルトドリンクのような健康機能系、栄養系商品は、そのように「当てる」のでなく、毎日買い、食し続けてくれる「顧客」を増やすことが肝要であると。実際この商品は、圧倒的な「顧客数」によって莫大な売上が作られているのだと。

メーカーといえども、やはり買ってくれているのは顧客。したがって、最も大事なものは「顧客の数」。この事実を視界に置かないというのは、あまりにもったいないのではないでしょうか。

第3章

あなただけの「顧客」を生み出すために

――顧客を定義する

第３章からはより具体的に、
「あなただけの『顧客』」をどう作り、
どう増やしていくかを考えていきましょう。
まず、行うべきは「あなたの『顧客』を定義する」こと。
あなたが集めるべき顧客は、いったいどこにいるでしょう。

3-1

客を捨てれば、「顧客」は増える

まずすべきは「客を捨てる」こと

顧客を増やすためにはまず、「あなたにとっての顧客とは誰か」を定義する必要があります。いわば、「あなただけの顧客を生む」ということです。

そして、**「あなただけの顧客を生む」ためにまず、すべきことは「客を捨てる」こと**です。

「客を捨てたら、『顧客』を生むことなんてできないじゃないか」

そう思われた方もいらっしゃるかもしれません。

でも、「客を捨てる」ことこそが、あなただけの「顧客」を生む第一歩です。

では、「客を捨てる」とはどういうことなのか。

山梨県甲府市の和菓子店・松林軒では、夏になるとこだわりのかき氷を提供しており、今やすっかり定着して人気商品に。それについて、店主の鈴木さんはこんなことを言っていました。

「以前はかき氷の値段を６００円～８５０円くらいにしていたのですが、今は価値を高め、１２００円が基本。いろいろトッピングをすると１９００円くらいになりますが、そうするお客さんは多いですね。

こういう価格帯になったところ、騒がしい賑《にぎ》やかな子どものお客さんはすごく減って、落ち着いた大人のお客さんが増えました。うちの店としてはいい感じになっています」

これが「客を捨てる」ということです。

誤解のないように言い添えておきますが、これは鈴木さんが、「騒がしい賑やかな子どものお客さん」を疎《うと》ましく思い、来ないように企てたのではありません。そもそも、松林軒は併設のカフェに絵本を用意するなど、今でも家族連れを大事にしています。

「客を捨てる」とは、そういうことでなく、「すべてのお客さんを対象にはしない」ということ。**すべてのお客さんに評価されようとか、好かれようとは考えない**ということです。

鈴木さんの場合は、「落ち着いた大人のお客さん」やそういう方のご家族に来ていただきたい。だから、それ以外のお客さんにあまり支持されない店になったとしても、そこは追わないということです。

そういう意味で、自分たちが「ここ」と思ったお客さん以外は捨てているということです。

多くの会社やお店では、「買ってくれるすべての人」を「客」として対象にしています。もちろんそういうビジネスもあっていいのですが、「顧客数」を見て営むビジネスはそうではありません。ある「特定の人」だけを対象にするのです。

そう言うとよく「ニッチマーケティング」と間違われるのですが、ニッチを狙っていくのでもありません。私はよく「特定多数」という言葉を使いますが、「特定」の「多数」を対象にするのです。

「架空の顧客像」より、「リアルな顧客像」を

「特定多数」を対象にする考え方は、いわゆる「マスマーケティング」とは大きく異なります。

マスマーケティングではよく、「50代男性」のように「ターゲット」を設定しますが、「顧客数」を見て営むビジネスでは、そのように顧客を設定することはありませんし、そういう顧客の見方は危険だと考えます。なぜなら「50代男性」のような「平均的」な人物は実在しませんし、そのような設定からは、顧客の生々しい人間像が見えてこないからです。

ならば、「ペルソナマーケティング」のように、もっと具体的に顧客像を設定すればいいのでしょうか？

ペルソナマーケティングでは、顧客の「ペルソナ」と呼ばれるものを設定します。40代男性、３００人規模の会社に勤め、子どもは2人……などとかなり詳細に顧客像、すなわちペルソナを設定し、そのペルソナを意識して商品開発もクリエイティブも決めていくというやり方です。

このやり方を否定するわけではありませんが、こと「顧客」を生むにあたっては、これも行いません。

では、「顧客数」を見てビジネスを営む方は、どうしているのか。

「仮定」ではなく、「実在する」顧客を思い描くのです。

その顧客を「典型的・象徴的な顧客」としてしっかり見つめ、そういう顧客の「数」を増やそうと考える。だからこそ、施策はより具体的になり、それが次々と顧客の心をつかんでいくのです。

「すでにビジネスをやっている場合はそういうやり方ができるが、これから始める人には『実在する顧客』はまだいない。そういう場合はどうするのか」という疑問もあると思います。

それについて、参考になる話があります。

以前あるオーディオ機器メーカーの方から聞いた話ですが、その会社では、たとえばリビング用のオーディオ機器を開発し発売すると決めると、開発から製造、マーケティングやデザイン、販売にいたるすべての部門のキーパーソンが、「こういう人が今回の顧客ではないか」と思われる人の家を次々と訪問して回るのだそうです。時には、ワインや軽食を用意して長々と世間話をして過ごすのだと。

もちろん、その一人ひとりは個別具体的な暮らしをしています。誰一人として「平均的」

な暮らしをしている人はいません。しかし、そういう家を何軒も訪ね歩くうちに、関係者の間に「顧客像」が結ばれる。それが新製品の開発・販売の、最も重要な共通イメージになるそうです。

これからビジネスを始める人はこういうことをしなさい、と言いたいわけではありません。**「実在する人」から得られる、強いリアリティを持った顧客像が大切だ**、ということです。

そして、逆に言えば、「世の中の平均的な人の中から顧客を選ぶ」という発想では、顧客はなかなか見つからないということです。

商売繁盛ゾーンで顧客は探さない

もう一つ、顧客を生み出すにあたって、大きな間違いがあります。

それは、「今、世の中的に客が多い・増えているところで顧客を探す」というものです。

今ならば、まず思いつくのは「インバウンド」ということになるでしょう。ニュースでインバウンドの話を聞かない日はありません。

あるいは、シニアビジネスもまだまだ活況を呈しています。これから団塊ジュニア層が高齢者層になっていくわけで、有望な市場のように思えます。

こうした将来的に有望な市場を私は「商売繁盛ゾーン」と呼んでいます。たしかにそこでは見込み客数が増えていくのですから、「商売繁盛ゾーン」ではあります。

でも、**この商売繁盛ゾーンから顧客を探すことはすべきではありません。**

顧客候補がいないわけではありません。むしろ、数だけ見ればたくさんいるでしょう。しかし、「数が多いから」という理由で、そこで顧客を探そうとすること自体が、「顧客の数」を増やしていくこととずれてしまうのです（これがどういうことかは、次の節でご説明します）。

また、そこは同時に、誰もが参入しようとする危険地帯でもあります。いわゆる「レッドオーシャン」です。

では、こうしたレッドオーシャンで勝ち残るのはどんな企業かというと、これはもうシンプルに「お金をたくさん持っている企業」です。

商売繁盛ゾーンでは、資本力で一気に「客」を奪い去るのが王道であり、中小企業が正面から立ち向かおうとしても相手になりません。

そういう理由から、「商売繁盛ゾーンで顧客は探さない」というのが、私の意見です。

廃業を考えていたスーパーは、なぜ国から表彰されたのか

では、どうやって顧客を探せばいいのでしょうか。

実はこの問いにこそ、カギがあります。

「顧客」を生むためには、「顧客」は探さないのです。

「顧客数」を見てビジネスを営む人たちは、まず市場調査を行いません。

たとえば新しい店をどこかに開く場合も、出店調査を行いません。加えて言えば、お店の場合、一般的に言う「良い立地」にもこだわりません。

なぜなら、このビジネスでは顧客は「生み出す」ものだからです。

もう長らく「顧客の数」を見てビジネスを営んでいる食品スーパー・エスマート。

同店の商圏人口は約８００人。店があるのは里山のふもとで、幹線道路沿いにあるわけ

でもないため、およそ地元の方以外は通りかかりません。いわゆる「過疎地」にあたる地域です。

店主・鈴木さんも、「顧客の数」の世界に入る前は、人口が減るにつれ売上が減り、競合店ができるにつれて売上が減り、ついには廃業を考えるに至りました。

そして２００９年、廃業後の新たなビジネスを準備すべく、私が主宰する実践会に入会してこられたのです。

そして今はどうなっているか。

同じ場所で、同じ食品スーパーを営んでいます。

しかも、２００９年から数年で業績はV字回復を果たし、過去最高に。顧客は増え続け、現在に至るまで増収増益を続けています。

エスマートはどこかから顧客を探して、連れてきたわけではありません。

あくまで顧客を「生み出した」のです。

では、どこにその「顧客」はいたのか？

もちろん、この店の周りに、です。

今は、駐車場には県外ナンバーも多く停まり、近隣県にも顧客がいる大繁盛店ですが、やはりメインの顧客は地元の人。高齢化が進んでいる地域でもあり、中でもメインは地元のおじいちゃん、おばあちゃんたちです。

今までは他店に行っていた人たちや、来店したりしなかったりしていた人たちが、エスマートの顧客になったのです。

不思議でしょうか？

でも、私たちにとっては不思議でもなんでもありません。

いつも、どんな業種でも、どんな地域でも、ＢtoＣでも、ＢtoＢでも、顧客は「生み出される」のです。

「農林水産大臣賞受賞」の経営技術の真の意味

実はエスマートは２０２３年度、農林水産省の外郭団体「公益財団法人食品等流通合理化促進機構」が主催する第33回優良経営食料品小売店等表彰事業で、最高賞の農林水産大臣賞を受賞しました。

その表彰状には、次の言葉がありました。

「あなたの経営技術は（中略）特に優秀と認められたので、これを賞します」

ただ、推察するに、審査員の先生方も戸惑いがあったのではないでしょうか。

というのも、審査で評価された点として挙げられていたのは、「ノルマを与えない」「毎日の朝礼でＰＤＣＡ」「お客様のニーズの把握」「お友達に話しかけるようなＰＯＰ」というものだったからです。

たしかにそれらも、食品スーパーとしてはユニークな取り組みではあります。

しかし、鈴木さんは、「そういう点が評価されたのは嬉しいですし、それらは確かにやっていることですが、それをやることが目的ではありません」と言います。つまりそれらは、鈴木さんにとって、あくまでも手段であって、目的ではないということです。

では、目的は何でしょうか？

それは、「お客さんに喜んでもらうこと」です。

鈴木さんは以前から、この店を「昨日よりも今日、今日よりも明日、１センチでも楽しい店にしていく」ことをモットーにしています。店で行うことの判断基準も、「それがお客さんにとって親切かどうか」。また彼は、お客さんにとってのここでの支出を、「食費」ではなく「娯楽・レジャー費」と感じてもらいたいと思っています。

この「目的」に向かって行うさまざまなことが、この店を形作っていきます。そして、それに触れたお客さんが次々と「顧客」になっていく。

同店が評価された「優れた経営技術」の真髄は、この「目的」を具現化し、「顧客」を生み、「顧客の数」を増やし続けられるところにあるのです。

3-2

「付加価値に全振り」で顧客を生み出す

「顧客」が生まれる瞬間

ひと言で言いましょう。

「顧客」とは誰なのか。

なぜ、どうやって生まれるのか。

「顧客」は、あなたが提供した価値に、相手が共鳴した瞬間に生まれます。

第2章で「共鳴価値」の話をしました。そこでの「あまからくまから」の話を思い出してください。

そこでお伝えした「究極の月鍋」。飛騨の伝説の熊撃ちが獲った月の輪熊、他の料理人との奪い合いを制して提供されている、あの料理です。

このメニューを読んだお客さんは、「へえ！　すごい猟師さんがいるんだね」「『他とはまるで違う』味ってどんなのだろう」「レアな肉なんだ！」と「驚きや感心、感動を伴って」、「食べてみたい！」となります。共鳴価値が生まれた瞬間です。

そして実際に食べてみると、「なるほど美味しい！」「他の熊肉と違う！」となり、さらにそこに店主が「『究極の熊鍋』はいかがでしたか？」と現われ、さらなるストーリーが語られ、「すごいな、この店！」「いいね！」となると、さらに共鳴価値は膨《ふく》らんでいきます。

こうして「顧客」が生まれます。

あなたの顧客は、このようにあなたが提供するモノやサービス、さらにはあなたの会社やお店に「価値」を感じてくれる人だと言い換えてもいいでしょう。

だからこそ、顧客を増やすためには、自分たちの提供する「価値とは何か」を考えなくてはいけません。

あなたにとって「普通のこと」をするだけでいい

でも、だからといって、何かすごい価値を提供しなければならない、世にも珍しいことを提案しなければならないと、大げさに考える必要はありません。

こういう例をお話ししましょう。島根県松江市で金川大三さんが営む刃物店・末広刃物店での出来事です。

2020年9月ごろ、同店に60代の男性のお客さんが来店されました。来店理由は、奥様とご自分で愛用されている包丁の研《と》ぎ修理。その際、奥様用に小魚をさばく小庖丁を購入したことがきっかけで、その方は同店に通うようになりました。

ある時、金川さんが、同じ鋼材でも作る職人の技量が違うとその仕上がりや刃もち（一度研いで長くよく切れる状態）が違うという話をすると、その方はすぐ共鳴され、「いい職人の庖丁がぜひほしい」と、新たに刺身包丁を購入されたそうです。

時には金川さんが、「すでにいい庖丁をお持ちなので、それをお使いいただいて、新しく求められなくてよいのではないですか？」と話すこともあったそうですが、それでもその方は新しい包丁を購入し続け、現在では包丁約20丁、砥石《といし》等は15点ほどを持っているとのこと。その方曰く、「半日くらい庖丁を研いでいる日もある」「庖丁にはまっています！」とのことで、極めて満足しているそうです。

まさしくこの方は「顧客」です。

しかし金川さんは、特別なことをしたわけではなく、専門店として持つしっかりした知識をもとに、刃物について語っただけ。同店では、お客さんが買われた包丁を、砥石数本を使って研いでから刃付け（本刃付け）をしてお渡ししているのですが、それも金川さんにとってはいつも行っている「普通のこと」です。

しかし、それはその方にとって、「驚きや感心、感動を伴って」共鳴した「価値」だったのです。

「商品」とは、この公式でできている

「価値」を売ること、それに共鳴してもらうこと、それが「顧客」を生み出す最大のポイントです。

価値の公式

$$V = \frac{P}{C}$$

V＝Value（価値）

P＝Performance（パフォーマンス）

C＝Cost（コスト）

ただ、この「価値」という言葉、極めて意味が曖昧というか、これほど多種多様な使われ方をしている言葉もないのではないかと思います。

そもそも「価値」とは上図のような式で表されます。

Vは「価値」。Pは「パフォーマンス」ですが、これは商品やサービスの機能、性能などを表します。「お客さんが受け取るもの」と言い換えてもいいでしょう。そして、「C」はコスト。お金や時間など、「お客さんが支払うもの」を表します。

「価値あるもの」とは、お客さんにとってこの「V」の値が大きいことを意味します。

この値を大きくするには、「P」の値を大きくする、または「C」の値を小さくすればよいことが、この公式からわかります。

私も講演などでよく、「『安い』ということも価値の一つです」と言うことがありますが、これが理由です。

ただ、「C」の値を小さくする方向でビジネスを営むことはお勧めしません。

特に、中小企業や個人商店などのスモールビジネスには向いていないと思っています。「C」を追求するためにはどうしても規模の経済の論理が必要になり、大きな会社が有利なため、中小企業でやれることには限度があるからです。

一方、「P」の値を大きくすることはできます。やり方も無限にあります。

そもそも、金川さんの例にもあるように、あなたにとって「普通のこと」でも、相手にとって「P値が大きい」ことはたくさんあります。

中小企業こそ「付加価値に全振り」すべき

今、「『P』の値を大きくするやり方は無限にある」と言いましたが、「いや、機能や性能、効果・効能を上げるのも限度がある」と思われる方もいるかもしれません。

しかし、「P」値を上げるやり方には、このような方法もあります。

第2章で「あまからくまから」が熊肉料理の客単価を上げていった例をお話ししましたが、同店にはさらにこんな例もあります。

同店の看板メニューの一つ、「アイヌジビエコース」。このコースのメインは「チタタプ」（正式には小さい「プ」）という料理です。

「チタタプ」とは、アイヌの人たちの料理法のこと。野生動物の肉や小骨などを叩いて、生や鍋で食べるものですが、叩く際に、「チタタプ、チタタプ」と唱えることが特色です。人気漫画『ゴールデンカムイ』（野田サトル、集英社）に出てくることで、一躍知られるようになりました。これを、マンガと同様に、お客さんがその場で「チタタプ、チタタプ」と唱えながら、肉を叩いて作り食すというユニークなコースです。

叩くための小刀には本格的なアイヌのマキリ（小刀）を用意。皿はあえて木の皿に。加えてアイヌの人が用いる刺繍の入った鉢巻《はちまき》を用意。お客さんには各々これをしめてもらい、「必ずチタタプ、チタタプと声に出しながらナイフで叩いてください！」とお願いするという徹底ぶりです。

そのこだわりゆえにお値段も9580円とかなりの高額なのですが、大人気となっています。

これはまさに、「料理」という枠を超えて「P」の値を大きくし、お客さんにとっての「価値」を高めていった好例です。

この「P」の値を大きくしていくことで、「V」の値、すなわちお客さんにとっての「価値」を上げていくこと。これを昔からよく使われている言葉で言い換えれば、「付加価値を高める」となります。

コスト（C）ではなく、パフォーマンス（P）を追求することで付加価値を提供していくことを、私たちはよく、「付加価値に全振りする」という表現を使います。

特に中小企業やスモールビジネスにおいては、限りある経営資源を付加価値に全振りすることがこの時代には重要です。

洗浄便座にどんな価値を「加えるか」という悩み

ただ、この「付加価値」という言葉もまた誤解を招きやすいものです。

そこで少し、付加価値についてお話ししておきましょう。

まず、忘れてはならないのは、価値というのはあくまで、「お客さまが感じるもの」だということです。つまり、**こちらが「価値」だと思って何かを提供しても、それをお客さんが「価値」だと感じてくれなければ、それは付加価値にはなり得ない**ということです。

以前、ある洗浄便座のメーカーの方から直接うかがった話です。

そのメーカーはすでに洗浄については大変高い評価を得ているのですが、どうやってさらに付加価値を高めるかに大変悩んでいました。これ以上、洗浄そのものの価値を高めることはなかなか難しい。そのため、便座に座ると自動的に音楽が鳴り出すといった機能などを開発するのですが、どれもなかなかユーザーには響かないそうです。

メーカーが苦心して価値を生み出そうとしても、ユーザーがそれを「価値」と感じなければ価値にはならない、ということです。

付加価値についての最大の誤解は、「付加価値を高めるためには、何か新しいことをつけ加えなくてはならない」という点でしょう。「付加」という言葉に、加えるというニュアンスがあるからかもしれません。

たとえば、新しいメニューを提供する。新しい商品を作り出す、その商品に新しい機能を加える、など。この洗浄便座の話も、まさに「何を加えれば付加価値を上げられるか」という発想から生じている悩みであるようにも思います。

しかし付加価値は、新しいものを開発しなくても、何も付け加えなくても、高めることはできます。

えちごトキめき鉄道の「夜行列車」のユニークさ

新潟県のえちごトキめき鉄道は「夜行列車」を走らせています。

こう言った瞬間に「え？」と思った人は、地元の方か、鉄道についてそれなりに詳しい方でしょう。

えちごトキめき鉄道は、北陸新幹線の開通により民営化された旧ＪＲの路線で、いわゆる並行在来線と呼ばれるものです。そのうち新潟県を走るのがえちごトキめき鉄道で、全長は２路線合わせても１００キロ弱。まさに「え、夜行列車？」という話です。

そんな短い路線でどうやって夜行列車を走らせるのかというと、同じところを往復したり、途中駅での停車時間を延ばしたりすることで、なんとか朝から晩まで走らせるそうです。

つまり、**この夜行列車の実用価値はゼロ。にもかかわらず、大人気**です。チケットは発売と同時にほぼ売り切れ。しかも、鉄道オタクだけではなく、利用者は老若男女問わず多岐にわたるといいます。

ご存じの通り、かつては日本の津々浦々を夜行列車が走っていました。しかし、今では夜行列車自体がほとんど存在していません。その意味で、夜行列車は高齢者には懐かしく、若い人には新鮮な存在なのでしょう。

実際、日本でまだ運行している数少ない夜行列車の一つであるサンライズ瀬戸・出雲は、その豪華な設備もあり、なかなかチケットの取れない人気列車になっています。

もっとも、えちごトキめき鉄道の夜行列車はそうした人気列車とはまったく違います。何しろ、車両は国鉄からの払い下げの年代物。寝台車でなく普通の車両。それが、同じ区間を何度も往復するだけです。

つまり、この夜行列車を走らせるにあたり、新しいものは何も加えてはいない。それでも「昭和の座席夜行体験」が十分に「付加価値」となるのです。

新しいものをつけ加えなくても、お客さんがそれを「価値」だと認識してくれれば、そこに付加価値は生まれる。その典型的な一例が、えちごトキめき鉄道の「夜行列車」だと言えるでしょう。

新しいことを始めなくても、付加価値はいくらでも創出できる

えちごトキめき鉄道の鳥塚亮前社長はかつて、千葉県のいすみ鉄道を再建したことでも知られる人物です。国鉄の払い下げ車両を改造し、日本で初めてシェフがコース料理を出すレストラン列車を運行したことでも話題になりました。

実はこの列車に料理を提供したレストランが私の会の会員なので、詳しい話を聞いたことがあるのですが、初めてずくめのレストラン列車を運行するには並々ならぬ苦労があったそうです。

そんな鳥塚前社長は、えちごトキめき鉄道でも「雪月花」というレストラン列車の運行を始めましたが、こちらも大人気。ただ、面白いのは、この雪月花と夜行列車で、得られ

る利益はほぼ変わらないというのです。

雪月花はオリジナルの新型車両で本格レストラン列車。動かすだけでもいろいろコストがかかります。一方、夜行列車のほうは、車両は国鉄車両の払い下げですし、料理はお弁当と夜食のカップラーメン。

もちろん、保守点検は必要ですし、走らせるには人手が必要なのですが、巨額な投資が必要な豪華列車に比べたらそのトータルコストは雲泥《うんでい》の差でしょう。

ここで言いたいのは、「新しいことを始めなくても、付加価値はいくらでも創出できる」ということ。

むしろ、そのほうが顧客を喜ばせ、高い利益が得られることもある、ということです。

付加価値を上げて業績を上げる

新潟県五泉市の食品スーパー・エスマートは、2024年1月下旬から3月まで、2カ月の長期休業をしました。理由は「改装」です。

鈴木さんが「改装するためしばらく店を休む」ことを同業者や取引業者に連絡すると、決まってこういう言葉が返ってきたそうです。

「店舗を広げるんですか?」

「もっと品揃えを増やすんですか?」

あまりにも皆が同じ言葉を返すので、鈴木さんも「一般的には、改装=拡大なんだな〜」と驚いたと言います。

では、エスマートは何のために2カ月も休んで改装を行ったのか。

改装したものは主に四つ。「お客さん用トイレの増設」と「店の出入り口の移設」「店舗内通路の拡大」「床の張替え」です。加えて、スタッフに向けて、倉庫と調理スペースの拡充です。つまり、**店舗の面積も広げなければ、品揃えも増やさない。にもかかわらず、2カ月も店を休みにした**わけです。

その目的は、店の付加価値を上げるためです。

「お客さん用トイレの増設」は、これまでトイレが一つしかなく、年々顧客の数が増えていく中で列ができることもしばしばだったため、これを改善するために男女別に分け、増設しました。

「店の出入り口の移設」は、駐車場を拡張したことと、顧客に高齢の足が不自由な方が増えているのに伴って、より不便のないように。「店舗内通路の拡大」は、近年店が混んできたので、少しでも心地よく買い物をしてもらえるように。古くなってきた「床の張替え」も同様。すべて「顧客のため」です。一方、売り場面積に関しては、倉庫や調理スペースを広げ、店舗内通路を広げたことで、少し減りました。

2カ月も休んで売り場面積を減らすとは、面積や品揃えの豊富さこそが売上だと思っている人から見れば、「何をやっているんだ？」という話ですが、鈴木さんはこう言います。

「お客さんが居心地よく買い物できて、スタッフが働きやすい環境を整えることが、店の価値を上げることにつながって、結果ファンが増えて、業績が生まれると理解しています。改装したら、店の価値が上がる＝業績が上がるので、今回2カ月休むことも、まったく心配していません。というか不安がありません」

第2章でお見せした生産性の公式にあるように、「付加価値の向上」とは「提供するサービス価値の増大」。ひとえに「顧客」に目を向ければ、トイレの増設や出入り口の移設も「提供する価値」を増大させることにつながります。

価値はさまざまな形、方法で上げられます。そして鈴木さんの理解する通り、価値が上がれば、業績は上がる。たとえ売り場面積が減っても、「顧客の数」は増えていくのです。

3-3 価値は意外なところにある

値引き要請かと思ったら、追加注文だった

付加価値の議論の中でもう一つ、忘れてはならないことがあります。

付加価値は商品やサービスの中だけでなく、「自分自身の中に潜んでいる」ということもある、ということです。

石川県金沢市の浜田紙業。何度も繰り返しますが同社は、ティッシュペーパーやトイレットペーパーなどの卸業です。それも、大手メーカー品を扱っている会社であり、同業他社との商品での差別化はほぼ、不可能です。かといって価格競争をしてもじり貧になるだ

けです。

そんな浜田紙業が見つけた付加価値は、「自分たち自身」でした。

きっかけは、「顧客の数」を見る経営の取り組みとして、「自己紹介レター」を作成し、お客さんへ送る商品に同梱し始めたことでした。

加えて、自分自身や会社の人たちのことを積極的に開示した「浜田紙業通信」という名のニューズレターを作成し、取引先に送ることも始めました。ニューズレターはBtoCのビジネスでもやっているところはそう多くありませんが、BtoB企業が行うのは極めて珍しいことです。

その取り組みを始めて半年も経たないころでした。

ある法人のお客さんが、ネットを通じて粗品用のボックスティッシュを大量に買ってくれました。それまでは、こういった大量の発注の際には「大量なので値引きできませんか」と言われることが多く、この時も、先方からの要求はないものの値引きをするかどうか迷っていたそうです。

そんな中、そのお客さんからメールが届きました。

「お便りありがとうございます。浜田紙業通信も会社のことがよくわかり、三代目のつぶやき！　お芋掘り！　たくさん掘れてよかったですね。ホントに楽しく拝読させていただいてます。そして、加賀野菜のおでん！　とても美味しそうです」

このように、商品や注文には関係ないレターの話題が続き、最後にさらっと、

「さて、昨日お電話でお話しさせていただきましたが、また○○（商品名）を購入させていただきます」

値下げどころか、追加注文までもらってしまったのです。

本当の付加価値は「自分たち自身」

このような反応に手ごたえを感じた浜田さんは、さらにこうした活動を増やします。

その一つが、事務・営業スタッフが取引先への請求書に、自筆のひと言メッセージを添えること。これもとても好評で、取引先からしばしば、そのスタッフ宛に感謝のメッセージなどが届くようになりました。

こうした取り組みを続けるにつけ、お客さんからの温かい声が増えるようになり、一方

で、値引きなどを強く求めてくる取引先は、自然といなくなっていったそうです。

浜田紙業はこうして、自社の「顧客」を手に入れたのです。

「価格だけを重視するのではなく、こうした浜田紙業の活動に共鳴してくれる企業」こそが、浜田紙業の顧客だったということです。

浜田さんはこれらのことを通じて、「自分や、働いている人たちを含めて浜田紙業だと考えたら、自分たちのキャラクターは真似されない」「商品の差別化はできなくても、会社の差異化はできる」、すなわち、**「自分たち自身」もお客さんにとっての付加価値なのだ**、と気づいたと言います。

このような変化が生まれるまでの時間は、たった半年。

しかも、何か新しいものを加えたわけではなく、あくまで同社に元々ある「自分たち自身」を引き出しただけ。

これが「価値の解放」です。

あなた自身の中に価値の源泉はある。それを解放してあげればいいのです。

価値は「解放」されるのを待っている

「価値」はよく解放されずに、眠ったままになっています。

浜田紙業のように自社や自店の中にもあれば、商品やサービスの中にも眠っています。

たとえば、当会の企業ではよく次のようなことが起こります。

雪がよく降る地域に店舗を複数持っているある会社の例です。商品はスコップ。さじ部（スコップの頭の部分）が穴あきの鉄でできている、雪かき専用スコップです。この商品、長年売ってはいるのですが売れ行きは良くなく、例年の販売実績は全店で15本前後でした。

そこである年、どう伝えればこの商品の価値が伝わるかを熟考し、「イライラしない雪かきあります」と訴求してみました。

雪かきの一番のストレスは、雪をかいた際、さじ部に雪がくっつきなかなか離れずイライラすることだと、豪雪地帯に住む方は口を揃えるそうです。ところがこの商品は、さじ部が穴あきなので雪離れが良い。ということで、その点を全店で訴求したところ、「あのイライラしない雪かきって、どんな雪かきなの？」と多くのお客さんが反応。結果的にその年は、例年の10倍以上、159本を売ることができました。

そこでさらに次の年は伝え方を熟考し、「笑って雪かきできました」などと訴求していった結果、全店での売上本数は736本に達し、実に、それまでの50倍以上の売上となったのです。

このように、商品の訴求を変えるだけで売上が数倍になるようなことは往々にしてありますが、これも別に商品自体が変わったわけではなく、あくまでその商品の持つ価値を解放しただけです。


こういう事例を講演などでお話しすると、しばしば
「すごい売るテクニックですね！」

「○○と書けば、売れるようになるんですね！」

などと言われますが、それも少し解釈がずれています。

ここで起こっていることの本質は「価値の解放」。あくまでも、その商品やサービス、会社やお店がそもそも持っていて、眠ったままになっている価値を解放しただけです。

「立春朝搾り」はなぜ成功したのか

日本名門酒会という、日本酒の卸売業・岡永が運営する業界団体があります。司牡丹《つかさぼたん》、春鹿《はるしか》、嘉美心《かみこころ》などの銘柄の蔵元や、全国の酒販店で組織されている会で、加入店舗数は１５００店にも及びます。

そんな名門酒会で、岡永が中心となり、業界をあげて共鳴価値を生み、大きな市場を創り上げた実例があります。「立春朝搾《しぼ》り」という商品です。

今では全国で流通しているのでご存じの方も多いと思いますが、実はこの商品、まだ20数年の歴史しかない「新しい商品」なのです。

「立春朝搾り」は、その名の通り立春の朝に搾り上げる日本酒で、それをその日のうちに予約購入してくれたお客さんのもとに届け、立春を祝いながら、その日に飲んでもらうというもの。この酒は搾りたてで、一切火入れや割水をしない「生原酒」。抜群の鮮度の酒をその日に飲めるというところも特徴です。

ただ、この商品の何よりの共鳴価値は、「縁起物」であることです。

実はこの酒、出荷前にどの蔵でも近くの神社に出向くか、蔵に神主さんを招いてお祓いを受け、無病息災、家内安全、商売繁盛などを祈願された上で出荷されます。

そのため、購入者のアンケートを読むと、一人で飲む人は驚くほど少ないとのこと。つまり、あくまで「縁起物」ということに共鳴して買ってくれた人が多いということでしょう。

酒販店にとっても、届けた先々で「お客さんから礼を言われる」「今年もご苦労様でしたと、ねぎらいの言葉をかけられる」など、特別な一日となるそうです。

ゼロから新しい習慣を作り出す

ここで着目したいのは、もともと「立春の朝に搾った日本酒をその日のうちに大勢で縁起物として飲む」という習慣があったわけではないということです。つまり、この取り組みはまさしくゼロから共鳴価値を生み出し、顧客を作り出したのです。

そしてもう一つ着目したいことは、それを、業界をあげて成し遂げてきたことです。

この取り組みは、1998年に始まりました。岡永が中心になっているとはいえ、造るのは蔵元。届けるのはその地域の酒販店。いわゆるサプライチェーンの上流から中流、下流までが一体となって取り組まなければ実現できません。

発売当初は前例もなく、製造現場の苦労も多かったと言います。なにせこの酒を搾るのは立春の日の早朝と決まっています。そして、それをお客さんのもとに届ける酒販店も朝6時には蔵元に集合しなくてはなりません。双方慣れるまでは苦労もあったことでしょう。

初年度の１９９８年には、栃木の一つの蔵から始まり、次の年は３蔵。２００１年には6蔵と、じわじわと取り組む蔵が増えていき、２０２４年には43蔵に。

そうして今や1日で27万本が売れる、大きな市場に育ちました。

今では毎年楽しみにしている顧客も多いという立春朝搾り。

共鳴価値によって顧客を生み出し、まったく新たな市場も創り出すことができるという好例と言えるでしょう。

自分の価値に共鳴してくれる人が、顧客となる

こうして、さまざまな方法で、自分たち自身の価値や、商品・サービスが持つ価値を解放、あるいは創り出していった結果、ある特定のお客さんがその価値に共鳴し、喜んでく

れたとします。

そう、それがあなたの「顧客」です。

ここが重要なところですが、**「こういう人に顧客になってほしい」からスタートするのではなく、「こういう価値を提供したい」から始まって、その価値に共鳴してくれる人が顧客になる**、という流れです。

この流れができると、何が変わるのか。

一つ言えるのは、「圧倒的に仕事のストレスが減る」。

もっと明るい言葉で言えば、「仕事が愉しくなる」ということです。

第1章で、エスマート・鈴木さんの「以前は仕事がつまらなかった」という言葉をお伝えしました。

今お客さんとの楽しそうな会話や笑い声が絶えないエスマートですが、以前は「私語禁止」としていたころもあったそうです。誰がそんな命令を下していたのかと聞けば、鈴木さんご自身でした。かつて大手スーパーに勤めていた彼は、そういうやり方が正しい、うちはそれをやっていないので売上が悪いんだ、と思っていたと言います。

しかし、そんな彼は今、「毎日の仕事が愉しくて仕方がない。スーパーは天職。生まれ変わってもスーパーをやりたい」と言っています。

廃業を覚悟した数年後、同店がV字回復を果たした後、鈴木さんからいただいたレターがあります。そこにはこう書かれていました。

「お客様に喜んでいただこうと張り切っていると、どんどんお客様からのありがとうが増えて、毎日の仕事が楽しくて嬉しくて仕方がありません。

お客様からねぎらいの言葉をいただいているので、スタッフはいつも明るく、元気で、やる気満々です。

商いは永遠に続く終わりの無い旅だとわかっていますが、この方向へ進むことの楽しさと充実感を知ってしまったので、歩みは止められません」

せっかくなら、気持ちのいい人とだけ仕事をしよう

浜田紙業には、メールだけでなく直筆の手紙も届くようになりました。例によって、ティッシュなどを購入してくれている法人顧客からです。

ある顧客から最初の手紙が届いた時、浜田さんはこう思ったと振り返ります。

「他社の事例を見ていると、『お客様から手紙が来た』と書いてあり、『すごいなあ』と思っていました。でも、自分の会社にも本当に来ました」

もちろん、こんなことは以前にはまったくないことでした。

あまりに嬉しく、この手紙を社内で回覧し、社員にも感想を一言書いてもらうと、次のような言葉が続々と集まりました。

「自分がお客様からのお手紙を手にしてこんなにも大きな喜びや心が温まる体験をさせていただき、本当に幸せに思いました。励みになり、より一層頑張ります」

「（以前の）売りっぱなしよりも、やりがいを感じる」

「反応が来るとモチベーションになるので、手間をかけて一言書き続ける」

そして今では頻繁にいただけるようになり、顧客から手紙が届くたびに「キター！」と社内が沸くそうです。


自分の価値を認めてくれる人というのは、自分と価値観が響き合う人です。

その人たちとは、気持ちよく仕事をすることができます。

そしてそれが、仕事での「嬉しさ」や「やりがい」、「幸福感」を生んでいきます。

あなたと共鳴する「あなただけの顧客」。そういう人たちを生み出し、気持ちよく仕事をしていくことが、結果的に「顧客の数」を増やすことになる。

ビジネスには、実はそうして支えられていく世界もあるのです。

コラム

「価値」を生むための効果的なアプローチ

「ストーリー」にはこれだけの種類がある

顧客にとっての「価値」を生むために効果的なのが、「ストーリーを語る」ことです。

ただ、ストーリーとひと言で言ってもさまざまなものがあります。「想い」「歴史」「経緯」「技術」「素材」「苦労話」「希少性」などなど。挙げ出せばキリがありません。

中でも価値を生みやすいのが「苦労話」です。この商品を開発するにはこんな苦労があった、今回この商品を入手するのにこんな紆余曲折《うよきょくせつ》があった、などの裏話です。

「そんなことは、お客さんに向けて語るものではない」と考える人も多いでしょう。その考えも理解できますが、実際、大変な苦労を経て提供されるものは、その事実を知るだけで共鳴価値を生む元となります。買い手にとっては、自分が手に入れたり、利用するものの価値が上がる、大切な情報なのです。

もう一つは「歴史」です。これも大変価値ある情報ですが、あまり語られません。日本には、創業100年以上の会社も多数存在していますが、20年経過時点で半数はなくなると言われる企業の平均的な生存率を考えれば、「創業○十年」ということ自体素晴らしいことであり、顧客にとっての価値でもあります。

もちろん、まだ創業して数年の会社でも、そこには必ず歴史があります。顧客に知らせるべき貴重な情報と言えるでしょう。

他の効果的なアプローチに、「お客さんがそれを『買う理由』を語る」というやり方があります。

「買う理由を語る」というやり方

あなたは「防水スプレー」という商品をご存じでしょうか。衣類や靴に吹きかけると水をはじいてくれるもので、「雨や泥をはじく」としてPRされることが多いようです。実際、この商品のニーズは悪天候の中外出する際や、キャンプなどの際が中心で、この商品を扱っている方によれば、雨や泥に困りそうな時期、6月ごろから10月ごろによく売れ、冬場にはほとんど売れないそうです。

そんな中、ある店で「売れない」とされる12月に、この商品を次のように謳《うた》って販売してみました。

「忘年会でビールをこぼさない自信がありますか？」

すると、例年この時期にはほとんど売れない防水スプレーが、飛ぶように売れたのです。

買った人たちは、何のために買ったのでしょうか。そう、文字通り忘年会のビール対策です。防水スプレーは雨や泥だけでなく、ビールもはじく。言われてみればそうなのですが、言われなければ気がつきません。

この試みを行ったのはクリーニング店でした。例年この時期になると、スーツなどにビールの染みのついた洗濯物が増えます。でも、防水スプレーを使ってから忘年会に行けば安心です。こういう背景からこの店では、多くの人が気づいていない「買う理由」に気づき、それを語ったところ、「なるほど！」と「共鳴価値」を生んだのです。

この例からもわかるように、商品を機能や特徴、効果・効能からではなく、お客さんが「買う理由」から見ると、新たな価値が見えてくることは多くあります。

あなたも、もっと買ってほしい商品やサービスがあるなら、「買う理由」を探しましょう。

そのための簡単な探し方を一つ、教えましょう。

それはお客さんから、その商品やサービスについて、こう訊かれたらどう答えるかを考えるのです。

「どうして私が今、この商品を買わなければならないの？」

この明快な答えが見つかれば、お客さんに語りかけてみましょう。

それが「共鳴価値」を生むことや、「価値の解放」につながります。

第
4
章

「顧客の数」を増やすため、今すぐすべきこと

さて第４章では、
より具体的な「顧客数経営」の手法を紹介します。
接触した人といかに「つながる」か。
そして、その人たちをどう「顧客」にしていくか。
今すぐ始めれば、意外なほどに早く成果が出るはず。

4-1

「つながり」を作る

「顧客の数」とは「つながり」の数

ここで重要なことを言います。

ここまで、あなただけの「顧客」を生む最大のカギは「価値」に共鳴してもらうことだ、とお話ししてきました。

しかし、それだけでは「顧客の数」は増えません。

それだけでは、せっかく生まれた「顧客」が、去っていってしまうことがあるのです。

「顧客の数」を増やすもう一つのカギ、それは「つながる」ことです。

先の浜田紙業の事例で、さらっと「自己紹介レターを作成し、同梱」「『浜田紙業通信』という名のニューズレターを作成し、送付」と言いましたが、実は、ここは注目すべきポイントです。

彼が最初の半年で取り組んだことは、お客さんと「つながる」ことでした。

そのために彼は、次のことを行いました。

・商品に自己紹介レターを同梱する
・10日後にフォローメールを送る（浜田さんのメッセージ動画付き）
・20日後にミッションレターを送る
・その後、3カ月に1回、ニューズレター「浜田紙業通信」を送る
・5回目の購入をしてくれたリピーターに取引記念日ハガキを送る

いずれも、その目的は「つながる」ことです。

「つながる」からこそ、「顧客」は「顧客」でい続けてくれる。

まさに、「顧客の数」とは「つながりの数」なのです。

「つながり」を作る

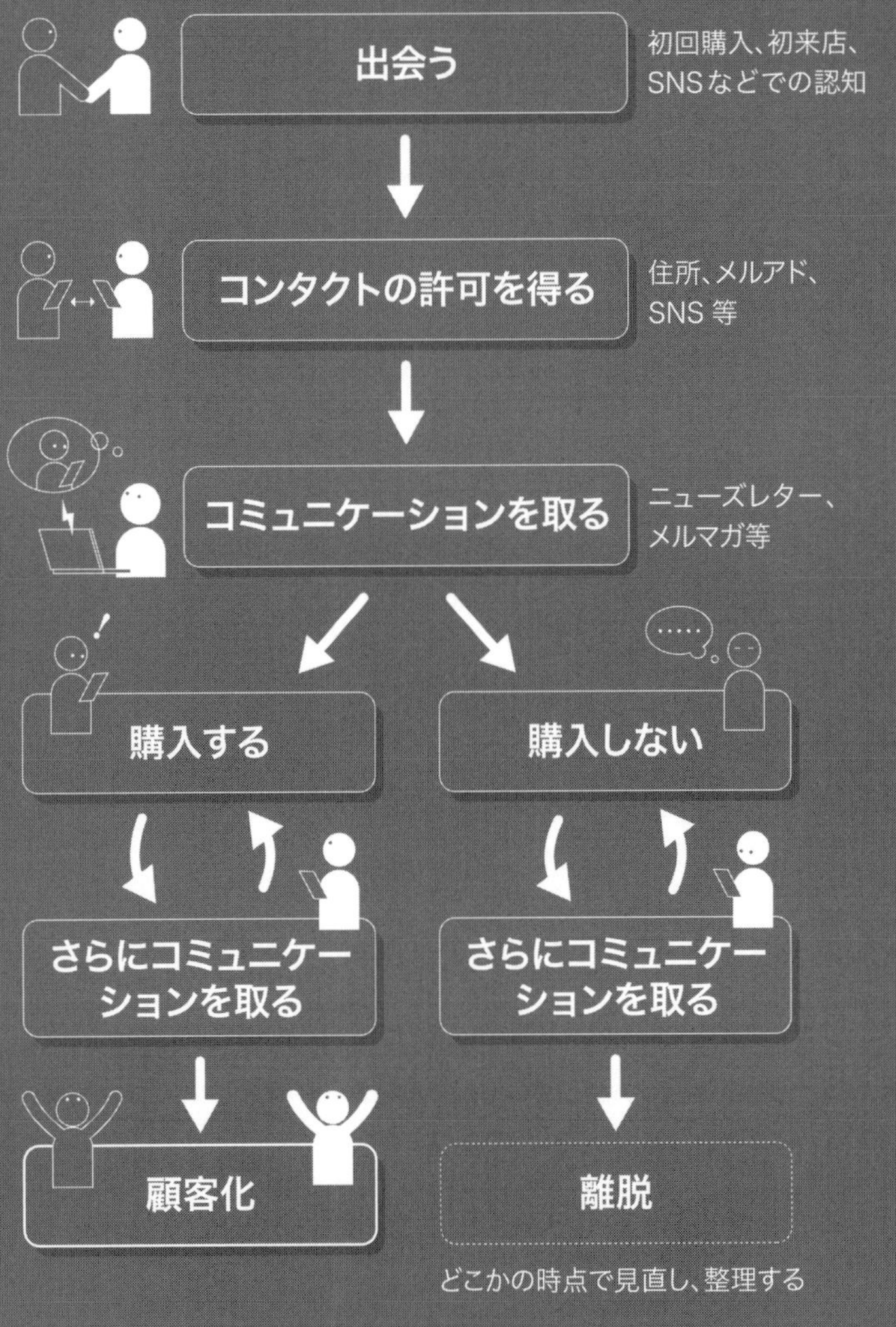
出会う
初回購入、初来店、
SNSなどでの認知
コンタクトの許可を得る
住所、メルアド、
SNS 等
コミュニケーションを取る
ニューズレター、
メルマガ等
購入する
購入しない
さらにコミュニケーションを取る
さらにコミュニケーションを取る
顧客化
離脱
どこかの時点で見直し、整理する

すべてのお客さんに声をかける「異質なキャンプ場」

今、浜田さんの「つながる」取り組みをさらっとご紹介しましたが、「そういうツールをいろいろ作って、送ったりしないといけないんだな」と思うかもしれません。しかし、それは誤解です。顧客とつながる方法はいくらでもあります。

岡山県でキャンプ場管理などをしている「おおさネイチャークラブ」。代表の松下昌平さんは、ある時こう考えました。

「キャンプ場だって宿泊施設なのだから、旅館みたいにお客様全員に挨拶して回ってもいいんじゃないだろうか」

早速、ミーティングでスタッフに話してみると、「は？　キャンプ場で声かけするんですか？」「何かきっかけがないとそれはちょっと……」「静かに過ごしたい人にとっては不愉快だと思います」などの反対意見が。

そこで、まずは松下さん一人でやり始めることに。まずは、試しに何度も利用している方から始めたそうですが、それでもガチガチに緊張したそうです。お客さん側も当初は戸惑いがあり、時には「何か注意されるのか？」と怪訝《けげん》な顔をされる方もいたとのこと。

しかし、それも続けていくと慣れてくるもの。「声をかけてくれて嬉しかったです」「他のキャンプ場ではあり得ない」などのお客さんの声も増え、昨年にはついに、来場されたお客さんすべてに声をかけるようになりました。

それは、どんな結果をもたらしたでしょうか？

２０２０年、こういったことをまったく行っていなかったころ、同キャンプ場の1年間の利用者の中でリピーターが占める割合は19％でした。しかし、声かけを行っている現在はそれが38％に。

着実に「つながりの数」は増え、「顧客の数」は増えていることがわかります。

出会ったお客さんに声をかけない。その後も何もコンタクトしない。そういう会社やお店も増えているように思います。

しかし、つながらないと「顧客の数」は増えません。

逆に、**「声をかける」のようなささやかなことですら、「顧客の数」を増やす妙策になる**のです。

4-2

「自己開示」のパワー

お固い医療の世界でなぜか「自己開示」が効く理由

私が主宰する実践会の会員さんに、ある医薬品や医療機器の商社に勤めている方がいます。個人として会員になってくださっている方です。

仕事内容は、医師に医療機器を販売すること。

専門性の高いものですから、詳細な商品知識は必須です。また、医師は忙しい人が多いため、限られた時間で効率よく説明するスキルも必要です。極めて高度な専門能力が必要とされる仕事と言えるでしょう。

その方も、会社から提供された詳細な説明資料を用いて、自社の製品について医師にプレゼンを行います。

ただ、そこに1枚のシートが加わります。それが、彼が「自己紹介シート」と呼ぶものです。

そこには、略歴や家族構成から、趣味や学生時代に何をやっていたかまでが書かれています。会社から提供された詳細な説明資料とは、まったく異質です。

自社製品について資料を基に詳細に説明したあと、面会も終わりに近づいたと思われるタイミングで、このシートを見せるのだそうです。

すると、医師の表情は一変。一気に打ち解けた雰囲気になるそうです。

先日も、他社と取引のある医院に行った際、まずはカタログを見せて一通り説明をしたそうです。その医師は寡黙な人だったらしく、あまり反応はありませんでした。

そして、面会も終わりに近づいたタイミングで、おもむろに「その他にも大事な資料がありまして」と言いながら、この資料を渡しました。

すると、寡黙だった医師が思わず笑顔になり、話も急に弾むように。

そして翌日、「相談したい」というメールが来て、さらに大きな商談につながっていきました。

実は買う側も「売り手」を気にしている

数年前、初めて営業に行ったある病院の医師にこのシートを見せたところ、「こんなことしてくるやつ初めてだ！」といきなり気に入られ、同社としては初の受注になったこともあるそうです。

その医師は、その後もデスクの上にこのシートを置いてくれていて、営業に行くたび「ほら、いつでも見られるようにここに置いてあるよ」と見せてくれていたそうです。

後に彼が転勤で担当を離れることになった際には、二人で肩を組んで記念写真まで撮ってくれました。

このことは、自己開示の力がいかに強いかを物語っていますが、もう一つ注目すべきは、**自己開示は実は「買う側」にとって良いことでもある**ということです。

先の記念写真を撮ってくれた医師は、彼に常々こう言っていたそうです。

「価格も大事だけど、誰から買うかも同じくらい大事だよ」

そう、実は買う側もまた「誰から買うか」を大いに気にしているのです。
だからこそ、「自己開示」は大きな効果を発揮するのです。

自分のプライベートを明かしてしまおう

「自己開示」とは、文字通り自分を「開いて示す」こと。自分はどういう人間であるかを、相手に伝えることです。

といっても、親友にしか話さないようなことまで伝えるわけではありません。今日であれば、多くの人たちがＳＮＳで開示しているような内容が、ここで言う「自己開示」です。

相手への伝え方については、さまざまな方法があります。先ほどの例のようにペーパーにまとめてもよいですし、名刺の裏に書き込むのもよくある手法です。メルマガやＳＮＳに誘導してそこで自己開示をするというのも大いにありでしょう。もちろん、口頭で伝えるだけでも構いません。

会員企業の多くが使っているのが、先ほど浜田紙業の事例にも出てきた「ニューズレター」です。浜田紙業では「浜田紙業通信」という名称で、このニューズレターを送っています。

これはお客さん向けの会報誌のようなもので、多くの場合、紙で直接郵送します。コストはかかりますが、実際にやっている方々は、認知を高めるという意味でも、ある程度の分量を読んでもらうためにも、紙が最適だと口を揃えます。また、**SNSやデジタルツールが全盛の今日、むしろ紙で届くことのインパクトや温かみがより効果的だ**、という意見も多く聞かれます。

特徴は商品や店の紹介よりも「自己開示」を重視していること。プライベートであったことやスタッフの近況などが中心で、場合によっては商品の説明などまったくなかったりします。

先ほどの浜田紙業の事例で、顧客からのメールに「三代目のつぶやき！　お芋掘り！　たくさん掘れてよかったですね」とあったのをご記憶でしょうか。この言葉は、このメールをいただく少し前に顧客に送った浜田紙業通信に、「三代目のつぶやき」というページがあり、そこに浜田さんが石川県名産の五郎島金時の収穫体験に家族で参加した話が載っていたからです。

「石川県の紙卸業の三代目が家族で芋掘りに行った？　そんなこと、お客さんにはどうでもいいことじゃないか」

そう思われる方もいるかもしれません。

しかし実際には、浜田紙業の例にもあるように、顧客はこういう話題が大好きなのです。

響く人なら「悪ノリ」もＯＫ

なぜ、ニューズレターを出すかと言えば、こうした自己開示をし、コミュニケーションを定期的に取ることで、つながりが強化されていくからです。

また、このような活動に共鳴する人が自然と顧客として定着するようになるからです。

「共鳴する人」は、圧倒的に「顧客化」しやすい人たちです。

そして「共鳴する人」には、こちらが行うことが面白いようにヒットし、また「顧客化」が進んでいきます。

「あまからくまから」では、熊料理を食べたお客さんに「熊食べましたシール」というものをお渡ししています。

食べた回数によってシールの内容も変わります。最初は「熊食べましたシール」ですが、3回目にはそれが「熊食べましたエース」に。5回目には「熊食べましたマスター」となり、さらにその先は「熊食べましたグランドマスター」「熊食べましたキング」となり、最後は「伝説の熊喰い」となります。

しかも店内に「熊喰い道場」と銘打った掲示板があり、そこに顧客の名前とランクが掲示されます。すでに最高位の「伝説の熊喰い」に到達した顧客もいます。

また最近この店には「祭壇」ができました。そこには白い猪の毛皮が飾られています。もともと店内にはアナグマの毛皮などが飾られていたのですが、白い猪は大変貴重なため、そこに鈴をつけて鳴らしてもらえるようにし、その下に賽銭箱を置きました。賽銭箱には「熊類による被害防除のための地域支援活動に寄付させていただきます」と書かれています。

こうなるともう、人によっては「悪ノリ」だと感じる人もいるでしょう。

でも、そもそもこの店には同じような感性を持った人が通うわけですから、こうした施策は圧倒的に支持されます。これを「悪ノリ」だと感じる人は、店に来なくなるかもしれませんが、そうしたお客さんは第2章でご説明したように、あなたの顧客ではありません。繰り返しますが、「顧客の数」だけを見る経営では、世の中のすべての人に好かれようと思うべきではないのです。

自分と価値観が合う人だけを対象にしたら、顧客層が狭まるのではないかと思う人もいるかもしれません。

しかし、ここは大事なことなので申し上げておきますが、**「合う人」を対象にしているのではなく、「響く人」を対象にしている**のです。

「響く人」は、同じような感性を持った人。私は長年、日本感性工学会の理事を務めるなど「感性」の研究を行ってきましたが、その知見から言わせてもらえば「少しでも響いたなら、その方はあなたの顧客になり得る」のです。

4-3

あなたの会社は「顧客の見える化」ができていますか？

あなたの顧客は何人いるか、即答できますか？

以前、こんなことがありました。

私の妻のところに、ある生命保険のセールスの方が商品の説明に来ていました。

大変丁寧で人当たりのいい方だったそうです。

その方に妻がふと、「あなたは、どれくらいの数の顧客をお持ちなのですか？」と聞くと、その方はにわかに答えられなかっただけでなく、「それはまったく考えたこともありません」と絶句してしまったそうです。もしかしたらその方は、成約件数しか把握していなかったのかもしれません。

ちなみに、しばらく経って、その方からは丁寧なお手紙が届きました。

そこには、先日は大変失礼なことをしたこと、あの質問の意味を後から深く考え、「顧客の数」のこと、それを考えたこともなかったことを、今では大いに反省しているとのことでした。


ただ、これは稀《まれ》なことではないかもしれません。

「あなたの会社や店の顧客数はどのくらいですか？」

と聞かれたら、あなたは即座に答えることができるでしょうか。


「来客数」「レジ通過客数」「取引先数」を把握している会社や店はあります。

でも、自分たちの会社や店、商品に愛着と信頼、共感を抱いてくれている「顧客」の数を把握することができる仕組みを持っているところは、極めて少ないのが現実です。

それどころか、「来客数」「レジ通過客数」「取引先数」すら把握していなかったり、そもそも、お客さんのリストをまったく作っていなかったりすることも多いでしょう。

まずは、顧客を数える仕組みを作る

その意味で、行うべきは**「顧客を数える仕組みを作る」**ことです。

リストすら作っていないところは、そこからスタートします。今はデジタルでさまざまな便利なツールがあるのでそれを使うといいと思いますが、顧客数がそこまで多くないのならば、まずは手書きでもいいでしょう。

取得すべき情報は「顧客名」「連絡先」は必須。

その他は必要に応じて取得すればいいでしょう。

リスト取得の難易度は業種・業態によっても異なります。

修理やメンテナンスなどのサービス業、医療関係などは比較的容易に取得できるでしょう。氏名や住所などを自然に記入してもらうことができるからです。

ＢtoＢも顧客のリスト化はそう難しくないはずです。通販など、オンラインで事業を行っている場合も同様です。

一方、小売店や飲食店などのサービス業は少し工夫が必要です。個人情報を取得する仕組みを持っていないことが多いからです。

ポイントカードを作ったり、アプリでつながったりといった方法が一般的だと言えるでしょう。メルマガやニュースレター、SNSでつながるというのもアリです。

もちろん、個人情報の取得・活用の際には、個人情報保護法などで決められているルールを遵守しながら進めていくことは、言うまでもありません。

墓石店でも顧客リストは作る

「うちは個人情報を取るなんて無理だ……」「そんな手間をかけているヒマはない」という人がいたら、次の事例を読んでみてください。

第1章でお伝えした「お悔やみ営業」をやめた福井県越前市の石材業、宝木石材です。

この会社が主に扱っているのはいわゆる「墓石」です。

そんな会社がおよそ3000件もの顧客リストを持っているのです。

そもそも、墓石の会社がどのように個人とつながることができたのか。

「顧客の数を増やそう」と決めた宝木さんがまず出向いたのは、なんと「墓地」でした。時間があれば墓地に行き、先代が過去に建てたお墓を確認し、その住所や名前の追跡確認をしていったのです。

これは大変な作業だったと宝木さんは言います。では、なぜそんなことをしたのか。それは、代々続いている会社であるにもかかわらず、顧客リストがなかったからです。

実はこの業界には顧客リストを作り「つながる」といった慣習はほぼありません。扱っている商品が墓石なだけに、購入者の住所などの情報は入手できるはず。しかし顧客リストを持っていないということは、あえてそれをしていないということですが、なぜなのか。

言うまでもなく、お墓のニーズは一生に一回、さらに、先祖代々の墓があれば、新しいお墓を建てる必要すらありません。一説によると、お墓の購買頻度は数百年に一度とも言います。

まさにそれが、墓石業界が顧客リストを作らない理由です。今日買ったお客さんが二度買うことがないからです。

しかし現在、宝木石材では、「お墓を建てたいというお客さんを紹介するよ」「お墓を直したいという人がいるから連れてきたよ」と、次々と顧客がお客さんを紹介してくれています。

そう、「顧客」とは、愛着と信頼、共感を抱いている人。**顧客は、たとえその人が再び買うことがないとしても、新しいお客さんを紹介してくれる**存在なのです。

ピザ、ワークショップ、サイコロ……あらゆる手段で「つながり」を作る

過去の顧客のリスト作りを終えて今、宝木石材では、さらなる「つながり」を広げ、顧客リストを増やし続けています。

「石材店」であることを生かした石挽コーヒーや石窯ピザのイベントを開いたり、お盆など墓参りが増える時期にお寺の要望にお応えしキッチンカーで出向いたり、「墓もうでワークショップ」なるものを開いたり。

中でもユニークなのは、いまや地元では有名になった「合格サイコロ」です。

それは、石を加工できる持ち前の技術を活かし、地元の受験生に石でできたサイコロ（「5」と「9」の目しか入っていないサイコロで「合格サイコロ」とされている）を、受験シーズンにプレゼントするというもの。もう長年続いているイベントで、配布初日には

宝木石材の前に受験生らの行列ができると言います。

さらに宝木石材のショールームの中には「合格神社」なるものもあり、多くの受験生が拝んでいったり、合格の報告に来たりしています。この活動もまた「つながり」に通じ、「顧客の数」を増やします。


また、クリスマスシーズンになると、宝木石材はクリスマスイルミネーションで彩られますが、これも地域の方との「つながり」に通じます。事実、最近も「いつもクリスマスになると素敵なイルミネーションで楽しませてもらって、いつか何かあったら、おたくにお願いしようと思っていました」という新規のお客さんが来られたそうです。


宝木石材では、こういったさまざまな機会を通じ、お客さんとの接点を生み、つながり、顧客リストを増やしています。

これはまさに、「顧客の数」を増やす取り組みそのものです。だからこそ今、宝木石材では、対応しきれないくらいの注文が、町中から押し寄せてきています。だからこそ宝木さんは、「お悔やみ営業」をやめることができたのです。

そして、そのスタートは「顧客リストを作る」という活動にあったのです。

4-4

「0→？」あなたに本当に必要な顧客の数

1分間、「あなたの顧客」について思いを巡らせてみる

「あなたにとって『顧客』と呼べる人は誰？」

少しの間、目を閉じて思い浮かべてみてください。

定義は、「あなたやあなたの会社に愛着と信頼、共感を抱き、今後も継続的に関係がつながり、繰り返し利用（あるいは紹介などを）してくれる人や企業」ということになるでしょう。


何人かのお客さんや取引先の顔が浮かんだでしょうか。

そうしたら、その人たちの名前を書き出してみてください。

すでに会員組織化を進めている会社や店もあるでしょう。

その場合、その会員の中で、「この人は何があっても他社に浮気せず、うちから買ってくれるだろう」という人を選んでみてください。

取引先が少ない人は、その中でも本当に「顧客」と言える、強固な関係を持つ人がどれだけいるか、思い浮かべてみてください。

あるいは、「あなたのファン」と呼べるような人がいれば、確実に「顧客」でしょう。それも、最もありがたい顧客です。

ちょっと思い浮かべてみた結果、もし顧客と呼べる人が一人も思い浮かばなかったら？

残念ながら、顧客は「ゼロ」ということになります。

顧客は１０００人いるのか、10人なのか、あるいはゼロなのか。

どんな数字であれ、それを認識することが、あなたのスタートとなります。

今すぐ動けば、今すぐ顧客は増える

顧客の少なさに愕然とした方がいらっしゃるかもしれませんが、大丈夫です。今すぐ行動を起こせば、意外と早く、顧客を得ることができます。

キース・山本さんが行動を起こしたのは、2019年のことでした。それまでも少なからぬリピート客に支えられてきたキースでしたが、本書で言う「顧客」を意識的に増やそうとしたこと、その数を常に把握しようと考えたことはありませんでした。

この状態は良くない、そう思った山本さんは、「会員化」を始めました。キースの会員は「道場生」と呼ぶことにしました。これは山本さんが極真空手の有段者であることにちなんだものですが、店内にも大きく「道場生求む」と書いた掲示物を掲げました。

キースを初めて訪れ、この店の魅力を感じたお客さんは決まって「これは何ですか？」と聞いてきます。そこで会員のご案内をすると、自然に会員になっていく、というわけです。

リピーターも含む日々の来店客の中で、2019年の1年間で会員化できたのは約500人。しかし、その500人が、年が明けた2020年に襲ってきたコロナ禍の中でキースを支えてくれたことは、第1章でお伝えした通りです。山本さんは「動いた」からこそ、間に合ったのです。


先ほど、宝木石材にはおよそ3000件の顧客リストがある、と言いましたが、宝木さんが既存客のリストを整備するのには7年かかったと言います。なにせ商品はお墓、買った方はお墓を建てた方です。先代のころの購入客になると、そのお寺まで訪ねて行き、所在を確認しながらリスト化を進めなければなりませんでした。

そうして宝木さんは、着々とリストを増やしながら、ニューズレターを送るなどしてつながり直し、つながりを深めていきました。

このように「動いた」ことが功を奏し、現在の繁盛ぶりにつながっています。

「顧客の数」は、一朝一夕には増えません。だからこそ、今すぐ動けば、それだけ「顧客の数」がもたらす果実を早く手にすることができるのです。

多く集めればいい、というものではない

ところで、スタート地点がわかれば、ゴール地点も知りたくなるものです。

顧客数を増やしていくとして、いったい、どのくらいの顧客数が必要なのでしょうか。

多ければ多いほどいい、というのはその通りですが、それが自社のキャパを超えてしまえば逆効果になりかねません。ある程度のところで「増やす」ことから「維持する」ことに切り替える必要が出てくる場合もあります。

特に飲食店やサービス業は、どんなに頑張っても1日に扱うことのできる顧客数の上限があります。「行きたいのに行けない」「買いたいのに買えない」となると、顧客は離脱してしまう可能性が高まります。

福岡市にある鴨料理の店「まりも本店」では、1日3組限定の完全予約制でディナーの提供を行っています。

経営者の半田友紀子さんは、自分たちにとってどのくらいの顧客が必要なのかを知るた

めに、まず、これまでの一組当たりの来店人数と客単価について調べてみました。

すると、一組当たり３・８人、一人当たり１万２０００円の単価だということがわかったそうです。


次に、事業を成り立たせるために年間どのくらいの売上目標を立てるべきかを計算したところ、２０００万円だということがわかりました。

そこから、以下の計算式で必要な「顧客数」を導き出していきました。

２０００万円÷４万５６００円（１万２０００円×３・８人）≒４４０組
つまり、４４０組のお客さんが来てくれればいいということになります。

言い方を変えると、４４０人の「顧客」がいれば安泰、ということです。

必要な顧客数が見えれば、それだけで心が安定する

ただ、半田さんは、「大事な顧客には、せめて年2回は来てほしい」と考えました。

ここがとても重要なポイントで、**顧客を単なる数として見るのではなく、一人ひとりの顔を思い浮かべながら「どんな行動をしてほしいのか」まで描く**ことが重要です。

もし、同じ顧客が年2回来てくれるとなると、必要な顧客数は440÷2の220人となります。

これを見た半田さんは「意外と少ないな」と思ったそうです。

「やみくもに顧客をたくさん集めなきゃと思っていたのですが、こうやって数字に落とし込み、改めて考えると、一気に楽になりました」

ここもまた、重要なポイントです。

このように**必要な顧客数を「見える化」してみると、自分が目指すべき道が見えてくる。**

そして、多くの場合、**それは「意外と少ないな」という感想になる**のです。

来店数も購買金額も高い顧客を相手にするということは、「少ないお客さんの数でビジネスが成り立つ」ということでもあるからです。

目標売上÷顧客単価×購入（来店）頻度＝目標とする顧客数

この式で一度、あなたのビジネスにおいて必要となる顧客数を導き出してみてください。

あなたが目標とすべき「顧客数」は？

$$\frac{\text{目標売上}}{\text{顧客単価}\times\text{購入（来店）頻度}} = \text{目標顧客数}$$

［例］　目標売上2,000万円、顧客単価１万2,000円
１回あたり平均3.8人で来店
購入（来店）頻度年2回の場合

$$\frac{20{,}000{,}000}{12{,}000 \times 3.8 \times 2} = 219.298\cdots (\fallingdotseq 220)$$

目標売上	あなたのビジネスが成立するために必要な売上を算出した上で、目指す目標値を決める
顧客単価	現在の顧客単価を導き出したうえで、そのまま置くか、あるいは「あるべき姿」を置く
購入（来店）頻度	同様に現在の購入（来店）頻度を導き出した上で、その値か「あるべき姿」を置く

顧客リストは「メンテナンス」も必要

もっとも、いくらリストに載っている顧客数が増えたところで、それが本当の「顧客数」とは限りません。

岡山県でキャンプ場を運営するおおさネイチャークラブ・松下さんは、自社の顧客を見直してみようということで、1万3000人いたメルマガ会員（＝一度は宿泊したことのある人）のうち、どのくらいの人が継続的に利用してくれているかを調べてみたことがあるそうです。

その結果は、過去5年で実際の利用があったのはわずか3000件。つまり、1万人ものメルマガ会員が「流出」してしまっていました。

それを受け、松下さんは本当の顧客数を集める活動に注力するようになっていったのですが、逆に言えば「集めただけ」では顧客はどんどん離脱していく、ということでもあります。

では、どうしたらいいのか。それについては後の章で詳しく触れることにします。

4-5

「明日の売上が読める」という世界へ

「今度はデマじゃない！」

本章の最後に、もう一度浜田紙業にご登場いただきましょう。

あなたはコロナ禍が本格的に社会を覆った2020年の3月ごろ、「紙がなくなる」「トイレットペーパーなどが手に入らなくなる」という話が巷《ちまた》をかけめぐったことをご記憶でしょうか。それは結局デマだったのですが、一時、全国の商品棚から紙製品が消えるようなことが起こりました。

当然、紙の卸売業である同社にも問い合わせは殺到。その月の売上は通常月の倍以上となる異常値を記録したそうです。


では、それは同社にとって、嬉しい出来事だったのでしょうか。

そのころを振り返って浜田さんはこう言います。「『単月でこの売上を超えることは二度とないかもしれないなぁ』と、一時的だとわかっていたので、売上増にも関わらず悲観的でした」

そして実際その通りに、その後、業界全体が在庫過多・売上減になっていったのでした。


彼が「顧客の数」を見てビジネスを営む世界を知ったのは、そのころでした。

そこから同社は、これまで本書で多く紹介してきた活動に突き進んでいきました。


そうして4年後、彼からいただいたある報告には驚くべき数字が載っていました。

そこにはこの4年間の毎月の売上推移がグラフで載っていたのですが、それが右肩上がりに積み上がり、ついに２０２３年の12月、月の売上が、あのデマ騒動の月の売上に並んでいたのです。

前回はデマによる完全に他力本願な売上。今回は「顧客」が増えたことによる自力の売上。この差と、それゆえの喜びを、浜田さんは次の一言で表していました。

「今度はデマじゃない！」

顧客データがあればあるほど、不安はなくなっていく

その報告には、デマ騒動のころ（以下、以前）と現在とのビジネスのありようを対比してもありました。そのいくつかをご紹介しますと、

・以前：誰が買ったかわからなかったvs今：わかる（リピート客激増）
・以前：購入後の接触なしvs今：接触あり
・以前：忙しかったvs今：余裕を持った納期
・以前：リピートなしvs今：温かい声
・以前：顧客名簿なしvs今：顧客名簿管理

このように、大きな違いが生まれていたのです。

そして何より彼は、**「以前は売上が読めなかった。でも今は売上が読めるようになったこ**

とが大きい。商売に不安がなくなりました」と言います。

また、その報告には次の一文もありましたが、これは「顧客の数を増やす」活動の本質を明快に語る一文でしょう。

「この活動を続ければ続けるほど、長いスパンで顧客データが取れることに気づきました。顧客ごとの購入頻度や単価がわかってきて、どの顧客に時間を注ぐべきかわかってきたような気がします。この活動は短期的に見るのではなく、長期的な視点で見ると素晴らしい効果を発揮していることがわかりました」

そこに「コミュニティ」が生まれると……

あなたに愛着と信頼、共感を抱く顧客。

この「顧客の数」が増えてくると、そこに「コミュニティ」と呼ばれるものが自然発生します。

昨今、ビジネスではコミュニティの重要性がよく語られるようになりましたが、それは実際にはこのようにして生まれてくるものです。

そして、結果としてコミュニティが生まれてくることで、浜田さんが言うように、「売上が読めるように」なります。それは「顧客」の集団だからです。

しかし、それだけでなく、**コミュニティは、さらに「新しいビジネスモデルを創り出す」土台となります**。

「ビジネスモデル」とは「収益を生み出す仕組み」のことですが、「新しいビジネスモデルを創り出す」とは、言い方を変えれば、今までその業種では生み出せなかった売上を生み出せるようになるということです。

具体的な例をお話ししましょう。

今、キースでは、本格的なパールなどのジュエリーが売れています。数千円のものから数十万円のものまで取り揃え、店内には常設のショーウインドウもあります。

山本さんがこの取り組みを始めたのは２０２２年。２日間限定のイベントとして行いました。

テーマは「オーセンティックバーでお酒をたしなみながらアクセサリーを選ぶ贅沢な時間を楽しんでもらう」。商品はパールのアクセサリーが中心で、高いものでは数十万円するものもありました。

この2日間に入場できるのはキースの会員、もしくは同伴者か紹介の方のみ。VIP客には招待状も郵送しました。そして当日は、スパークリングワインのウエルカムドリンクでお迎えし、非日常を演出して来場者を迎え、もてなしました。

もちろん今まで同様のイベントを行ったことはありません。本格アクセサリーを買いにキースに足を運ぶのは、顧客にとっても初めてのこと。さて、この2日間で、いったいいくらの売上ができたでしょうか。

なんと、結果は200万円超え。山本さん本人も驚きましたし、このイベントに協力してくれたパールの業者さんも、「百貨店の催事より売れる……」と驚く成果となりました。

これが大きなきっかけとなって、今日の常設売り場につながります。

現在キースでは、ジュエリーの他にもさまざまな商品の販売を展開していますが、まさに「バー」を超えたビジネスモデルです。

もっとも山本さんは、バーがあまり儲からないのでジュエリー店に商売替えしようと、このような取り組みを進めているのではありません。

山本さんはこう言います。

「なぜバーキースでさまざまなイベントを打つのか。それは、キース山本がバーテンダーであり、バーと国産ウイスキーを愛してやまないからです」

先述の通り、キースの主力商品である国産ウイスキーの価格は暴騰しています。バーのビジネスモデルは不安定な状況にあり、この先もずっとそうでしょう。その中でもバーを守りたい。バーを続けたい。であるなら、新しいビジネスモデル――収益を生み出す仕組み――に踏み込んでいく、ということです。

では、世の中のバーはみな、ジュエリーを売ればいいのでしょうか？　ジュエリーを売れば売れるのでしょうか。

それをキースが成し得ているのは、「顧客の数」を増やし、そこにコミュニティが生まれたからこそ。だからこそ選べる選択肢なのです。

「干し芋屋さん」で「家」を買う？

コミュニティが生まれると、ビジネスモデルが広がる。選択肢が増える。その面白くも象徴的な例をお話ししましょう。

栃木県下都賀郡の「ほしいも王国戸崎農園」。有機栽培のさつまいも農家であり、それを干し芋に加工して直売店で販売もする、いわゆる六次産業化を進めている農家です。

この直売所では毎月、「歌声喫茶」が開かれます。主催者は直売店主・戸崎栄美さんです。「歌声喫茶」とは、直売所の敷地内にある自宅や庭で、ピアノの先生の伴奏で、来場した顧客全員が歌う合唱会のこと。1時間歌った後は、ランチをしながら和気あいあい。毎回30人〜40人ほどが集まるそうですが、ピアノや二胡《にこ》の先生、歌の先生、スタッフ、顧客、全員が干し芋の顧客や地域の年配の方で、70代、80代がほとんどです。

顧客からはこういう声が聞かれます。

「たくさん歌って、たくさんおしゃべりして、たくさん笑って、美味しいものも食べられて、こんなに楽しいことはないです」

「一人暮らしなので寂しいですが、ここに来ると元気がでます。沢山のお友だちができたりもします」

この場で仲良くなって友だち同士になった方や、カップルも誕生したそうです。

そんな戸崎農園は、近年不動産事業を始めました。農園主である戸崎さんの夫が宅建の免許を持っていることがその背景にありますが、まだ始めたばかりで、店を構えているわけでもありません。

しかし、この「不動産業者」には、次々と相談が入ってきています。成約実績も続々増えてきています。一切宣伝もしていないのに、です。

最近も、歌声喫茶に来ている80代の一人暮らしの方が、間もなく老人ホームに入るため一軒家を売りたいと相談があり、すべて任せてもらえることになり、専属専任媒介（一社が独占的に売主さんの仲介をすることができる）契約を結びました。

戸崎さんは言います。

「戸崎農園コミュニティから生まれた絆や信用は、不動産事業へとつながりました」

「ビジネスモデルの賞味期限切れ」も「顧客の数」が解決する

神奈川県相模原市の「昔の味たまご農場」では、さらに面白いことが起こっています。

この農場も、たまごの生産・直売の他、自社のたまごを使ったハンバーガーが売りのキッチンカーをやり、顧客には2カ月に1回のニューズレターを発行し、メールマガジンを送り、農場でイベントも行います。ちなみに、バンドの演奏もあるこのイベントには、２００人以上の人が集まります。

そんな農場の農場主である田中亮さんは、最近宅建の勉強に余念がありません。それは、新しいビジネスモデルに挑戦するためです。

ある時、顧客にメールマガジンでこの挑戦を報告しました。もちろんまだ勉強中で、免許は持っていません。受かるかどうかもわかりません。

しかし、たった一通のメールマガジンに書いただけで、もう2件の問い合わせがあったのです。

干し芋屋さんやたまご屋さんに不動産の相談をするのはおかしいでしょうか。

たしかに、業種的に考えたらそうでしょう。

しかし、不動産の売買という、一生にそう何度もない大事なことを相談するなら、自分が信頼を寄せている相手にしたいと思うのは、人として自然なことではないでしょうか。その相手にさらに愛着を持っていて、共感を抱いているなら、相手としてこの上ないのではないでしょうか。

そして、人にとって、干し芋屋さんやたまご屋さんに不動産の売買を一任するのが自然なことなら、バーで本格ジュエリーを買うこともまた、自然なこと。

顧客にとって重要なことは、相手の業種が何かではなく、誰から買うかなのです。

こうして、「顧客数経営」を行っている会社・お店は軽々と業種の壁を越え、新たなビジネスモデルを生み出します。

私はかねてより、「今、日本のほとんどの業種は、ビジネスモデルの賞味期限切れである」と言い続けています。ほとんどのビジネスモデルが、人口増加社会に適したビジネスモデルだからです。

すでに、ずいぶん前に人口減少社会に入った日本では、ビジネスモデルの転換、新たなビジネスモデルの構築は急務です。

それを解決していくのもまた、「顧客の数」なのです。

コラム

「自己開示ツール」を作るには

あの「自己紹介シート」には何が書いてあるか

どのように「自己開示」を行うのが効果的か、もう少し詳しく解説しましょう。

まず、前述した医療機器の営業の人の「自己開示シート」。あれほどの効果を生むシートにはどんなことが書かれているのでしょうか。大きく次の5つの項目に分かれています。

1 自己紹介（生年、出身、現在住んでいるところ）
2 家族構成
3 出身校（中学、高校、大学と具体的な名称まで）
4 性格
5 趣味

言い換えれば、これだけでもいい。これなら、誰でも作れるのではないでしょうか。

ここで、大事な点を少し補足します。自己開示といっても、個人情報については大雑把で結構です。「住んでいるところ」といっても詳細な住所まで書く必要はありませんし、「家族構成」についても、名前まで書く必要はありません。

たとえばこの営業の人の自己紹介シートの「出身校」のところには、「学生時代はラグビー部に所属しておりました」とあり、学校名まで書かれているわけではありません。ただ、そのあとに、自身のラグビー経験に関する詳しい記述が続きます。また、「性格」のところには「バリバリの体育会系育ちですが、木陰で本を読んでいるのが好きなタイプです」などという記述があります。つまり、人となりがうかがえるような内容は、やや詳しめになっているのです。

「自己開示」とは、文字通り自分を示すこと。そこで伝えたいこと、相手にキャッチしてほしいことは、「自分の人となり」なのです。

「ニューズレター」の作り方

ニューズレターを作る際にも、そこがポイントになります。

顧客向けの会報誌的なツールは世に多くありますが、それらと自己開示ツールとの決定的な違いは、その会社やお店の人たちの「人となり」が語られているか、読み手に伝わってくるかどうかです。

そういう意味で、多くの会報誌的なツールの間違いは、はじまりが「新商品の案内」や、場合によっては、セールや展示会などの案内になってしまっているところです。

ニューズレターのポイントは自己開示であり、目的は「顧客」になってもらうこと。つまり、こちらに愛着を持ち、信頼を寄せ、共感を抱いてもらうこと。ですから、まず自己開示情報から読んでもらえるようにしなければならないのです。

先ほど紹介した「浜田紙業通信」は、A4サイズの裏表です。「芋掘りに行った話（三代目のつぶやき）」が入っている号では、表面にまず浜田さんからの挨拶文があり、「ジブリで一番好きな映画は『もののけ姫』の浜田浩史です」から始まり、その後も映画の話が続きます。そして裏面に「芋掘り」の話が書かれている。つまり、表面の最初から「自己開示」が始まっているのです。

こうした「人となり」は、あらゆる接点で伝えることが可能です。

たとえば、浜田紙業のホームページには、浜田さんの生い立ちが写真入りで詳しく載っています。また、ホームページのあちこちに浜田さんによる手書きメッセージの写真があり、「ティッシュで縁を深めよう！　粗品や景品、もちろん普段使いにも！」などと書いてあります。この手書きメッセージには浜田さんによる絵も添えられているのですが、その絵は、言葉を選ばず言えば「下手」。しかし、見ているだけで、なんだかほんわかしてきます。それらの情報が一体となって、浜田さんの人となりが感じられる、というわけです。

第5章

あえて非効率を追求すると、顧客が集まる

顧客を増やし、維持するためには何をしたらいいのか。
そのキーワードとなるのが「非効率」です。
一見「非効率」に見えることが
むしろ、「顧客の数」にとっては「効率的」になります。
それが中長期的には、売上や利益を
「効率的」にもたらすことになるのです。

5-1

新規獲得よりも、離脱防止のほうが効く

「効率を下げる」と「売上が上がる」？

顧客の数を増やす――そのために、私がこれまでお伝えしてきたことと並んでキーワードと考えている言葉があります。

それが「非効率」です。

「増やす」のに「非効率」というのは、矛盾ではないかと指摘する人もいるでしょう。

しかし、今の時代、むしろ**非効率にこだわったほうが顧客は増える**のです。

一つ、象徴的な例をあげましょう。

第1章でご紹介した千葉県松戸市のロマン産業。業務内容は、店舗やオフィスなどの清掃事業や玄関マットなどのレンタル、オフィスや個人宅への水の宅配です。

そんな同社での、法人顧客とのお話です。


同社では、契約先の店舗やオフィスの清掃を、ルートを決めて社員が巡回しています。レンタルマットの交換や、水の補充、さまざまな注文への対応なども、このルートでの仕事です。

こうした仕事の場合、1ルート当たりで回ることのできる件数は限られます。配送には人も車も必要なため、このようなビジネスを営んでいる会社では、いかにこのルート効率を良くするかに頭を使っています。つまり、1ルート当たりいかに多くのお客さんを回れるかです。


ところが同社はある時、それと真逆のことを行いました。「1ルート当たりに回る件数を2割減らす」という決断をしたのです。

つまり、あえて非効率なほうに舵《かじ》を切ったのです。

会社全体として回る件数が変わるわけではありませんので、新しい車や人員も必要になります。実際、車を1台購入し新たに人も雇ったため、より多くのコストがかかりました。

なぜそのような、業界常識に反する非効率なことをしたのでしょうか。

その理由は、「顧客との会話の時間を増やすため」でした。

効率を落として顧客を増やす

それには、あるきっかけがありました。

顧客の解約が際立って少ないあるルート担当社員がおり、小山さんが他の担当者とどこが違うのかを調べると、**顧客と「おしゃべり」をしている**ことがわかりました。

同社では、ルート回りの際に新たな商品を顧客にお薦めすることもありますが、この担当者はその販売成績も良かった。聞くとやはり、理由はおしゃべり。その合間に「ちょっと今日宣伝したいものがあるんですけど」と切り出すと、「ああ、何？　聞くよ」となり、スムーズに買ってもらえる。「これ買うと、あなたの成績になるんだよね」と積極的に買ってくれる方も少なくないとのことでした。

では、どの社員も顧客とおしゃべりをすればいいのではないか――小山さんはそう考えたのですが、今は効率を考え配送数を目いっぱいにしている。そこにこのような指示をしても、多くの社員は「余裕がなくてできません」となるのではないか。実際、社員数名に訊いてみたところ、その通りの答えが返ってきました。

そこで「１ルート当たりの件数２割減」という「非効率な」施策を実行したのです。しかも、社員を送り出す際には、こう声をかけることにしました。

「お客さんとしゃべっておいで」

それが、どういう効果をもたらしたでしょうか。

解約率が通常１割、悪いと２割を上回ることもあるというこの業界で、**解約率は「たった１％」という、業界常識では考えられない水準にまで下がったのです。**

ロマン産業のようなタイプのビジネスでは、相手から「解約」と言われない限り清掃やレンタル品の交換、水の補充などを行い続け、売上が安定することになります。世に言う「サブスクリプションモデル」に近いビジネスです。

こういうビジネスを営む会社にとって最も大事なのは、「いかに離脱率を下げるか」です。離脱率が下がることで顧客は増加し、売上も上がることになるからです。

しかもロマン産業では、その後大幅に値上げしたにもかかわらず、値上げ後の解約もほとんどないそうです。離脱しない顧客によって、売上は上がり続けています。

新規獲得よりも「離脱防止」

この例からもわかるように、顧客数を増やすためには二つの方法があります。

・新しく顧客を増やす
・離脱する顧客を減らす

そして、このうち**「離脱する顧客を減らす」にあたり、「非効率」は極めて大きな役割を果たします**。

もし、あなたの会社に1000人のお客さんがいて、たとえば1年間の離脱率が50％であったとするなら、毎年500人のお客さんを獲得しなくては、売上は減り続ける一方です。もし、離脱率を30％にすることができれば、新規に獲得すべきお客さんは300人で済みます。

一人の新規客を得るためのコストが1万円だと仮定すると、

①離脱率50％＝500人の新規客獲得

５００人×１万円＝５００万円

②離脱率30％＝３００人の新規客獲得

３００人×１万円＝３００万円

このように、新規客獲得コストは約６割になります。

コスト以上に重要なのは、①だと５００人の顧客しか残らないのに対し、②では７００人の顧客が残るということです。そして、活動を継続すればするほど、顧客は増えていくことになります。

もちろん、顧客を維持するためにもコストはかかります。いわゆる「顧客維持コスト」と呼ばれるものです。しかし一般的に新規客獲得コストは、顧客維持コストの５倍かかるとされ、経営の大きな圧迫要因です。

また、**維持された顧客は、顧客でいる年数が長ければ長いほど離脱せず、企業への収益寄与度が高くなっていく**ことがわかっています。「離脱防止」こそが要なのです。

ロマン産業の取り組みはまさに、顧客の離脱率を下げるための取り組みであることがわかります。そして、そのキーワードこそが「非効率」だということです。

新規獲得よりも「離脱防止」

新規客獲得コストは、顧客離脱防止コストよりも高い

（一般的には約5倍とされる）

［例］　1,000人の顧客を持っている会社が

❶離脱率50%で、常に500人の新規顧客を集める場合
500人×1万円＝500万円

❷離脱率を30%に向上させ、300人の新規顧客を集める場合
300人×1万円＝300万円

同じ顧客数を維持するのにコストは約6割になる

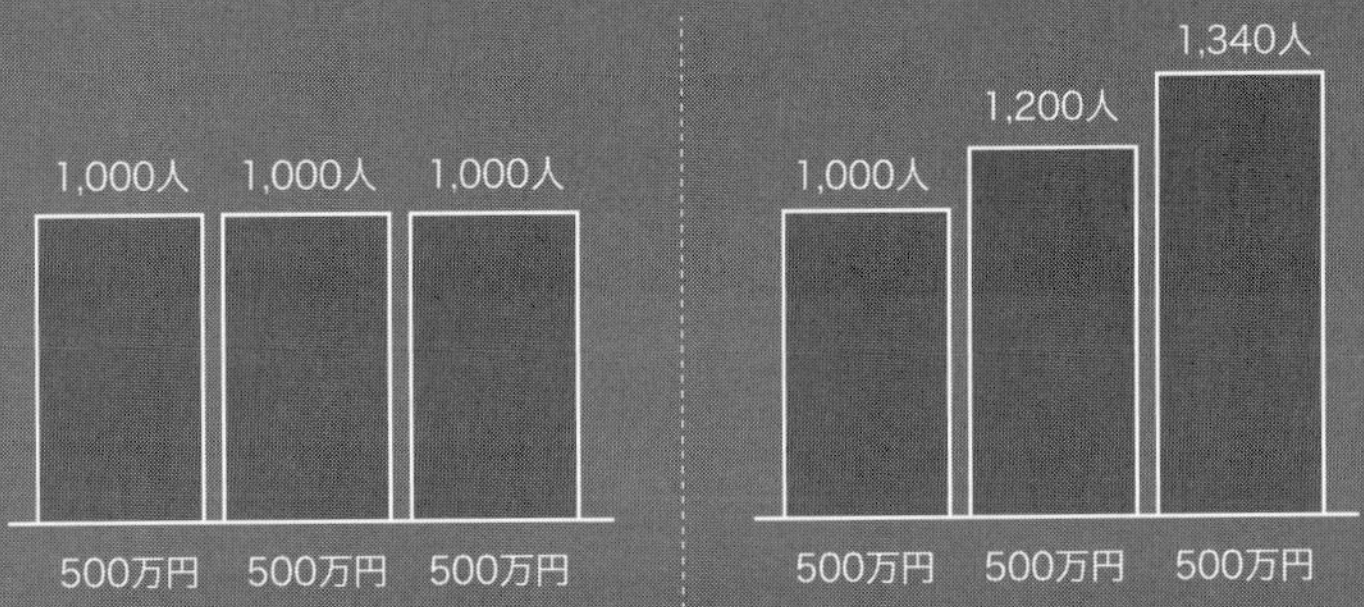

❶の場合、毎年500万かかる上に、顧客数はいつまで経っても1,000人のまま

❷の場合、もし❶と同じ新規顧客獲得コストをかけ続けると、顧客数は増えていく

「広すぎる駐車場」がなぜ、顧客をつかむのか

ここでもう一つ、ご紹介したい事例があります。

第1章でも例に挙げた、仙台市にあるカーディーラー「ホンダカーズ仙台北」です。

ホンダカーズ仙台北の販売店の特徴はとにかく「面積が大きい」こと。一般的なカーディーラーが600坪くらいのところ、ホンダカーズ仙台北の二つの販売店はどちらも3000坪を超えています。

それだけ聞くと、「さぞや多くのクルマを展示しているのだろう」と思うかもしれませんが、むしろ逆です。**ショールームにはなんと、1台の車も置いていない**のです。

では、なんのために広大な敷地を用意しているのかというと、その大きな理由の一つは駐車場です。店舗面積に対して、極めて広大な駐車場を用意しているのです。

とはいえ、その駐車場が常に満杯というわけでもありません。むしろ、言葉を選ばずに言えば「ガラガラ」の時すらあります。

ではなぜ、それほど広い駐車場を用意したのか。

特に女性の方の中には、車の運転があまり得意ではない人がいます。狭い駐車場での駐車は大きなストレスになります。そのため、駐車場が狭いうえに、車がぎっしりと入っていると、つい入るのを躊躇《ちゅうちょ》してしまう人がいるのです。

そこで、そんな方にも安心して来店してもらえるよう、余裕のある広さの駐車場を用意したということです。


店舗の実力を表す数値に「1坪当たり売上」「1㎡当たり売上」があります。どちらも、なるべく少ない面積で大きな売上を上げることが大事だということを示す指標なのですが、その観点からいえば、売上にもならない駐車場の面積を広げることは非効率の極みです。

にもかかわらず、ホンダカーズ仙台北の顧客数は右肩上がり。そして、それに比例して売上も右肩上がりを続けているのです。

ホンダカーズ仙台北は「顧客の数だけ見る」経営を行っているのですが、まさにその一端が「広い駐車場」にあるということです。

一見「非効率」なことが、ビジネスとしては「効率的」になる

ちなみにホンダカーズ仙台北にはもう一つ「非効率」があります。

それは、同社の販売店のすぐ隣にある「カフェ」です。

サービスの一環として店舗内にカフェ的なサービスを併設するカーディーラーはありますが、ホンダカーズ仙台北の場合、敷地は完全に別であり、経営もグループ会社が独立して行う、食材などにもこだわりのある本格的なカフェです。

地元では人気店にもなっています。一見、カーディーラーとは関係なく運営されているように見えるので、実際、お客さんの多くは、カーディーラーとの関係を知らずにカフェに来ているそうです。

それでも、カフェからはホンダカーズ仙台北の販売店やメンテナンスの様子が自然と目に入る。すると、そんなつもりはまったくなかったお客さんも「ちょっと点検してもらうか」と、メンテナンスをお願いしてくれるというケースが非常に多いということなのです。

こちらは一見非効率なようでいて、極めて精緻《せいち》に作られたシステムと言えるでしょう。

一見、非効率に見えても「顧客の数を増やす」という面での非効率はあえて実行する。これが、顧客数経営のポイントです。

5-2

AIの弱点。そして小さな企業の「勝ち筋」

顧客が、大手不動産会社に不信感を持った理由

これは、会員のある住宅・不動産会社の方から聞いた話です。

ある時、他の不動産会社との間で不動産の売却の話を進めていたお客さんが、「セカンドオピニオン」を求めてやってきました。

そのお客さんが売却をお願いしていた不動産会社は誰もが知る大手企業。その方はその会社と専属専任媒介契約を結んでもいましたが、半年以上経ってもまだ売買が成立しない。しかも、それに対する担当者の対応にも違和感を抱いて、相談にきたというのです。

そこで詳しく話を聞いてみると、売買価格や条件などに問題があるようには見えず、報

告義務も怠らず、定期的にきちんと行われている。しかし聞いているうちに、この方の不信感はこういうことではないかと思い当たったそうです。

確かに報告義務は果たされ、3カ月で専属専任媒介契約が自動解約となることに関しても、書面で更新の通知書が来て返信するようにはなっていました。

しかしその間、**担当者との面談や生の声は一切なかった**のでした。

不動産業界には細かな報告義務や確認義務があります。そうした報告をミスしないようにシステムを導入したのでしょう。

ただし、不動産売却は、売るほうとしてはかなりの金額の取引を任せている一世一代のこと。直接連絡がないことはとても不安だったでしょう。

「マーケティングオートメーション」の死角とは？

この話は極めて示唆に富んでいるように思います。

昨今は「マーケティングオートメーション」などの仕組みが導入されたことで、顧客対応を自動化する企業が増えています。通販の世界ではすでにＡＩ導入はかなり進んでおり、アメリカでは人間のオペレーターよりAIのオペレーターが対応した時のほうがコンバージョンレートが高いなどという検証結果もあるそうです。

しかし、それでも先の不動産会社の例のように、デジタルやAIの対応では埋めきれないものがある。**そこに「非効率」な人の介在したコミュニケーションが、AIとはまったく別種の価値を生む余地がある**、ということです。

実際、ここまでご紹介してきた例の多くは「非効率」の極みです。

・顧客にレターや手書きのメッセージを送り続ける卸会社（浜田紙業）。
・運転が苦手な人のためだけに駐車場を広げるカーディーラー（ホンダカーズ仙台北）。
・同じところを何往復もして夜行列車を走らせる鉄道会社（えちごトキめき鉄道）。
・自己紹介シートを持ち歩く医療機器の営業。

しかし、彼らは確実に顧客の心をつかみ、離脱を防いでいます。

もちろん「効率」で戦ってもいいのだが……

もちろん、「非効率などナンセンス。うちは便利さで顧客を獲得する」という選択肢もありです。しかし、その道は「いばらの道」でもあります。

たとえばコンビニエンスストアは、この50年で驚くほど便利になりました。ATMもあり、コンサートチケットも買え、住民票なども受け取れます。メルカリなどのオークションサイトやフリマサイトの荷物の配送もでき、荷物の受け取りもでき、ほぼすべての決済方法が使えます。その上、もともとメインの食品も充実、お米を店内で炊いている店もあるほどです。

アマゾンも便利です。今日欲しいと思ったものが明日届く。しかも、扱っている商品も多岐にわたり、一般小売店で買うよりも安かったりします。

仕事柄、「反アマゾン」だと思われがちな私ですが、仕事や生活の必需品に関しては頻繁に利用しており、実際に重宝しています。

何が言いたいのかというと、**「便利さで勝負するということは、こうしたモンスター企業と勝負すること」**だということです。

こうした便利さを生み出しているのは主にＩＴ、中でも今、競争力を左右しているのはＡＩです。このジャンルには世界中から膨大な人数が集い、莫大な資金が動いています。

アイデアや技術も大事ですが、とにかく「資本」がモノを言う世界です。大手コンビニチェーンやアマゾンといった大企業が圧倒的に有利な世界です。

私は仕事柄、何人もの若手起業家と付き合いがありますが、彼らの多くが資金調達に多大な時間を費やしているのを目《ま》の当たりにしてきました。特にＩＴやＡＩで勝負するようなスタートアップは莫大な投資額がかかり、資本力を持たない起業家としては資金調達しながら事業を推進していかざるを得ないのです。

私が直接お付き合いのある、すでに市場で一定の成功を収めているＩＴサービスの会社では、年間の技術開発投資に数億円、数十億円投じていることは珍しくありません。

便利さで勝負しようというのは、まさに「そうした世界であなたも戦うのですか？」という話なのです。

便利なツールはもちろん使う

こういう話をしていると誤解されがちなのですが、ＩＴやＡＩを用いた便利な機能は、中小企業でもどんどん使うべきだと考えています。私はいわゆる「ＤＸ（デジタルトランスフォーメーション)」推進派です。

前述のホンダカーズ仙台北は、ずっと以前から自社開発で優れたシステムを持ち、運用していています。このシステム上で常に顧客を把握し、誰にいつどんなアプローチを行うべきかを割り出し、最適なタイミングで最適なアプローチを行っています。

顧客は自動車整備の予約をオンラインで入れることができ、店舗側は何時にくるお客さんがどのような人で、どのようなニーズを持っているかを担当者以外でも把握することができる。そのため、いつでもレベルの高いサービスを提供することができます。これこそがＤＸの力です。

つまり、**便利なツールはどんどん使うべきなのですが、より重要なのは、それを使って何をするか**。「それが顧客を増やすことにつながるか」の視点で考えるべきなのです。

また、便利なツールを使ってできた「余力」をどう使うか、という視点も重要です。

会員の通販会社「ファインエイド」の例です。

自社開発の健康食品通販業を営む同社では、お客さんは往々にして深夜にネットで注文をしてくるため、毎日10人ほどの社員が出社後、受注処理業務にかかり切りになっていました。

そこで一念発起し、ＲＰＡ（ロボティック・プロセス・オートメーション）のシステムを導入しました。ちなみにＲＰＡとは、人がパソコン上で行っている受注処理業務などの日常的な作業を、人が実行するのと同じ形で自動化するもの。同社では、それまで10人がかりだった仕事が、２人ですむようになったそうです。

では、その浮いた８人をどうしたかというと、顧客に手紙を出すなどの、顧客とのつながりを強化する活動に充てることにしたといいます。

私にはこういうことこそが、「中小企業の勝ち筋」だと思っています。

先ほど、「モンスター企業と戦いますか？」という問いかけをしましたが、それは「勝ち目がない」ということを言っているのではなく、**自社・自店はどこで価値を生むか、どういう価値で顧客を増やすか**、ということを問いかけているのです。

そして、それは多くの場合「非効率」がカギとなるのです。

5-3

顧客を圧倒的に惹きつける「3つの非効率」

「不便」にしたのに売上が2倍になった文房具店

福島県いわき市にある文具店「渡辺文具店・パピルス」。

この店はユニークな店づくりで、県外からも顧客が訪れる人気店です。

パピルスでは毎年、「ペンへの名入れキャンペーン」というものをやっているのですが、ある年、その受付をネットや電話、ファックスなどではなく、「店頭のみ」にしました。

同店ではLINEを使った顧客管理を行っているので、オンライン上で注文を集めることも可能でした。しかし、そうはせずにあえて「対面のみ」を選んだのです。

極めて非効率な話で、しかも、お客さんにとっても不便なのではないかと思ってしまいます。しかし、店主の渡邉寛之・瞳夫妻は「直接店に来てもらうことでペンそのものへのアドバイスもできるし、名入れの書体も相談できる。お客さんにとってはそのほうが親切なのではないか」と考えたのです。

結果、どうなったか。

店頭受付のみ、しかも、例年より販売期間も短かったにもかかわらず、前年比で2倍の売上になりました。

顧客が変わらず来店してくれたことに加えて、実際に店頭で相談した結果、より良いサービスを選ぶ人が多かった（単価が上昇した）ことも、その理由の一つでした。

顧客を惹きつける三つの非効率、その1はこの**「リアルにこだわる」**です。

前にも述べましたが、顧客はその会社や店とコミュニケーションを取ることに喜びを感じます。つまり、**顧客にとっては「来店しなくてはいけない」という非効率は、むしろ来店する絶好の機会になる。**

一方、店側も売るだけならネットを介した受付方法や通販にしたほうが効率良く、リアルにこだわることは非効率なのですが、**リアルでしか提供できない体験価値、その面白さを提供できる**ということです。

「便利な店はあるけど、面白い店はない」

パピルスでは最近、店内にカフェをオープンさせましたが、そこには店内の文具を使って楽しめるさまざまな工夫があったり、「パピルスからの挑戦状」と題したパズルが置いてあったりと、体験価値と面白さに重点を置くとともに、「また行きたい」の気持ちを生むことを意図しています。

一方でITも活用しており、LINEのシステムを使ったポイントカードを導入しています。ただ、ここでもユニークなのは、店内に「VIP　GUEST　ONLY」と書かれた特別な「鍵付き文房具棚」を用意していて、ポイントを貯めてある程度のランクに到達した人だけがここの文房具棚を開けていい、というリアルな体験価値と面白さにこだわった特典を用意していることです。

また、先ほどパピルスには県外からも顧客が来ると言いましたが、今やそれは「海外」にまで広がっています。

先日はノルウェー人アーティストがやってきて、ペンを買っていったそうです。そのペンは日本では汎用品ですが、ノルウェーではガラスケースに入れて飾られるような一品とのことです。

さらに、スペイン人留学生がわざわざ仙台からレンタカーを借りて、３時間近くかけてやってくることもあるそうです。

ちなみにそのスペイン人留学生は、パピルスのやっているインスタグラムを見てやってきてくれたそうですが、店主が、「仙台にはもっと大きな店があるでしょう」と言うと、その留学生は、こう答えました。

「仙台には大きな店はあるけれど、面白い店はない」

これはパピルスに限らず、近年、会員企業のお店が、見知らぬ遠方からの来店客からよく言われている言葉です。ひとたび「面白い店」に出合った人たちは、その「顧客」になっていくのです。

セルフのガソリンスタンドがなぜ、人を感動させられるのか？

「セルフのガソリンスタンドなのに、お客さんから感謝の手紙が続々舞い込む」という極めてユニークな企業があります。愛媛県松山市で数店舗のガソリンスタンドを経営する、パイオニア石油です。

ガソリンスタンドにおいて、ガソリンを販売することで得られる収益はごくわずかです。儲かるのは洗車や点検などのサービスで、だからこそ一部のセルフのガソリンスタンドでは、こうしたサービスのセールスに積極的なところもあります。セルフのガソリンスタンドでも従業員はいますので、声がけなどのセールスを行うのです。

しかし、社長の稲田周一さんは、「お客さんはガソリンスタンドでセールスをされたくない」と考えているため、それをさせません。

一方、店員にはこう伝えています。

「五感を使って、必要だと思った時には声をかけよう」

ある時、ガソリンスタンドに来たお客さんのクルマのタイヤの空気圧がどうもおかしいことにスタッフが気づきました。

そこで、スタッフが点検をお勧めしたのですが、最初はお客さんは断ったそうです。しかし、やはり何か問題があると感じたスタッフは再度声がけをして点検してもらったところ、なんと1本のタイヤに釘が刺さっていて、空気が入り切らない状態になっていたのです。

その人はこれから高速道路に乗る予定があったそうで、危ないところでした。

数日後、その時のお客さんから、手書きの感謝の手紙が届きました。スタッフへの感謝の言葉とともに、「近くに行った時には必ず寄ります」と書かれていました。

まさに「顧客」が誕生した瞬間です。

これはほんの一例で、パイオニア石油には他にも、同様の例が多数あります。

本来は、「お客さんが来たら必ずお声がけする」「汚れている車があったら洗車の案内をする」など、スタッフの対応をシステム化・マニュアル化したほうが効率的だと考える人がほとんどでしょう。

しかし、パイオニア石油は**あえて「必要だと思った時に声をかければいい」として、スタッフの「五感」に任せた。**

それが、こうした感動を生み出したのです。

私は、このパイオニア石油における「五感を使ったサービス」のようなものを「技芸」と呼んでいます。

「技芸」とは、辞書を引きますと、

1　美術・工芸などの技術。

2　歌舞・音曲などの芸能。また、そのわざ。

とあります。

私はこの言葉が、多くのビジネスにおける「人の行う、技的なもの」にぴったりだと思い、よく使います。

顧客を惹きつける3つの非効率、その2は**「技芸を使う」**です。

売上日本一を達成したキッチンカーの「ある技芸」

茨城県常総市に本店を持つレディースブティックチェーン・ロコレディ。同社は近年、キッチンカー事業を熱心に手掛けています。

もっとも同社は、もともとブティックですから、飲食業界ではなくアパレル業界。ゆえにキッチンカーは自社オリジナルでなく、他企業が開発したものをいくつかフランチャイズで活用しているのですが、そのうちの一つで同社はＦＣ内で売上日本一になりました。同社がキッチンカーを出店している場所は茨城県下の道の駅や、動物のテーマパークなど。そこよりはるかに集客力のある場所に出店している同じＦＣ店舗は多くあります。なのに、同社の店舗が日本一になったのです。

その秘密は、同社の持つ「技芸」にあります。

どんな技芸なのかをお話しする前に、同店でのよくある風景（実話）をお伝えしましょう。

ある日、茨城県内から来た70代とおぼしき男性のお客さんからこう言われました。

「私は妻と2人暮らし。〇〇（商品名）を2個買う予定だったのに、あなたの毒舌漫談を聞いて、妻が10個購入してしまったよ」

すると隣にいた奥様が、「自分が住んでいる町を一生懸命にPRしている姿に感動した。涙が出そうになった。それを見て、応援したくなったのよ」。


こんなシーンを想像してみてください。場所は高速道路のサービスエリアや道の駅のようなところ。そこに、数台のキッチンカーに交じって、1台のキッチンカーがあります。そのキッチンカーではその場で気軽に食べられる1個数百円のものを販売しています。

店主はその前で、その場を行き交うお客さんに声をかけ、軽妙に会話をします。たとえば、相手が県外から来た方だとわかると、冗談交じりにこんな感じになります。

「お客さん！　市県民税が減っているので、茨城県常総市に引っ越して来て～」

その場は一気に笑いに包まれます。そしてその後、お客さんは流れるように続々と、その商品を何個も買っていきます。

これを実現しているのは、ロコレディ社長・羽富都史彰さんの持つ対話の妙。まさに顧客を惹きつける「技芸」です。

今同店ではこの技芸を、スタッフをはじめ多くの人ができるようになるよう、図っています。

ロコレディのキッチンカーが日本一になった理由が、おわかりになったでしょうか。同社がキッチンカーを出店している場所は、人が集まる場所ではありますが、売上日本一になるほど人が多いわけではありません。単価も安い。でも、羽富さんの話芸で、一人のお客さんが何個も買っていく。つまり、客単価の高さが、同店を日本一にしたのです。

「技」に惹かれて、顧客も社員も集まってくる

第4章でさまざまな取り組みをご紹介した宝木石材。あの話だけですとユニークな取り組みばかりに目が行きますが、同社の基盤にあるのは高いレベルの「職人技」です。社長の宝木さんも技術向上に余念のない一流の職人。お墓の特許や実用新案も多数、持っています。後継者の息子さん・宝木諒さんも、次世代のものづくりを担う青年技能者が「技」の日本一を競い合う「第56回技能五輪全国大会」の「石工の部」で、金メダルを獲得しています。

そして自社に石材一級技能士の資格を持つ職人を抱え、お墓の仕上げ工程や文字彫りなどを自社工場で行っています。こうした「技」を持った職人は、石材業界に限らず今どんどん減っており、希少価値が高まっています。

ロコレディ羽富さんの「話術」も、宝木石材の「石工」も、どちらも一見、非効率な領域です。しかし、これらはＡＩに代替されることはなく、そして、多くの人を惹きつけるのです。

こうした技芸を身につけるには時間がかかりますし、成り手が少ないという話も聞きます。

しかし、宝木石材には今、職人の転職希望者が続々やってきています。

そんな彼らに転職の理由を聞くと、こういう答えが返ってくるそうです。

「ここでは、いい仕事をさせてもらえると聞きました」

「いい仕事ができる」、それが職人のモチベーション。であるなら、付加価値を高め、それを売ることができ、それを価値と認める顧客がいるところに職人は集まるのです。

「丁寧な仕事」はもはや、技芸である

ここでもう一つ、意外な「技芸」に関してお伝えしておきたいことがあります。

それは、「親切、親身、丁寧」という「技芸」です。


宝木石材では仕事の技術にこだわるのはもちろん、「親切、親身、丁寧」も徹底しています。お墓には決して土足で上がらない、お墓の中にはさらに別の履物で入るなどを徹底するとともに、工事に使う重機も、いつもワックスがけされていてピカピカです。また、そのお寺のトイレの掃除まで行っています。


ある時、こういうことがありました。

ある宗派の本山での仕事がきっかけで、その下寺（本寺に所属する寺院）からの大きな仕事の相談を受けたのですが、その際、住職はこう言ったというのです。

「本山の工事で、どれだけいい仕事をしてもらえとるかと。養生や片付け、トイレの掃除など、あんなことを見てもたら、他には頼めんわ。悪いけど、今までの石屋さんとは雲泥《うんでい》

の差やわ」

この件に限らず、宝木石材にはその仕事ぶりの「親切、親身、丁寧」さを見たお寺から、「今後檀家さんからお墓のことで相談があったらあんたに任せたい」「今まで特に決めてなかったんやけど、当寺のお出入りになってもらえんやろか」など、ご縁がどんどん広がっているそうです。

これはまさに、第2章でお話しした「顧客が増えると、顧客がもっと増える」ことにも通じます。「親切、親身、丁寧な仕事」はその原動力なのですが、今日、どの業界でも急激に減っているように感じます。だからこそこれから一層、「親切、親身、丁寧」な仕事は立派な「技芸」として、価値が高まっていくのです。

町の書店の「100周年祭」に1000人もの人が

私は「祭り」が大好きです。

毎年冬には会員企業の表彰を兼ねた「祭り」を、東京青山にある「ブルーノート東京」を借り切って行っています。祭りには人を一体にする強力なパワーがあると感じます。

しかし、祭りを行うのは大変です。

弊社の「祭り」も準備には3カ月以上かかりますし、終わった後はくたくたになります。

全国各地で祭りを主催し運営する側の人が減っているという話をよく聞きますが、それも無理のない話かと思います。数百年続いてきた地域の祭りが、人口減少によりなくなってしまうという話も聞きます。非常に残念なことです。

そんな非効率な「祭り」ですが、「顧客の数」を増やすためには、極めて大切なものです。

顧客を惹きつける三つの非効率、その3は**「祭りを行う」**です。

石川県河北郡津幡町にあるスガイ書店は、100年以上の歴史を持つ老舗書店です。

2020年、創業100年に当たるこの年、スガイ書店は「感謝祭」を行うことを決めました。

何しろ初めての試みなので準備は大変でしたが、縁日や塗り絵コンテスト、ワークショップなどのイベントを行い、大盛況。約500人ものお客さんが来てくれたそうです。

当初は100周年の年限定のつもりでしたが、店長の吉田一平さんは楽しんでくれているお客さんの顔を見て、毎年行うことを決意。祭りは年々盛り上がり、昨年の祭りには1

000人以上が集ったそうです。津幡町は人口4万人弱ですから、驚くべきことです。

とはいえ、「当日、楽しかったね」で終わってしまっては、なんにもなりません。実際、祭りだけで見れば、コストは持ち出しになることがほとんどです。吉田さんも当初は、採算を気にしていたそうです。

ただ、やってみると**感謝祭を行った翌月以降の売上が顕著に上がっていた**のです。結果的に採算が取れたのはもちろんのこと、顧客も確実に増やすことができました。

私はこの現象を、単なる顧客継続だけではなく、休眠顧客の掘り起こしという視点でも見ています。

スガイ書店のような歴史ある企業は、かつては付き合いがあったけれど最近はご無沙汰しているという、いわゆる「休眠顧客」が数多くいるものです。この「祭り」はまさに、そうした人たちの掘り起こしにも一役買っているのではないでしょうか。

スガイ書店はニューズレターなどで日々、顧客とコミュニケーションを取っており、だからこそこれだけの集客があったのだと思いますが、それでもやはり、リアルに集う祭りがあるかどうかは、顧客のつなぎ止めや復活に大きな役割を果たすのです。

「祭り」はささやかなものでもいい

ただ、「祭り」と聞くと、スガイ書店の周年祭のように、年に一回の、何か大げさなイベントや、弊社のようにどこかを借りて大掛かりにやらなければならないと感じてしまうかもしれません。

第1章で触れた、キースの「たこ焼きパーティ」を思い出してみてください。これも一つの「祭り」ですが、キースの店内にたこ焼き用の器具が揃えられ、そこに親子連れが集う、いい意味でささやかなものです。

キースでは「周年祭」もありますし、他にも1年のうちにさまざまな「祭り」がありますが、およそキースの店内で行われています。「周年祭」の時は、顧客から多くの花が届くため、店中が花で彩られ、この日ならではの風情になりますが、場所はいつものキースです。同店では「忘年会」も「祭り」で、店に入りきれないほどの顧客が集いますが、やはり場所はキースです。

ビューティーケアつかもとで年に二回行われる「つかもと祭り」も、塚本さん以下スタッフはみなオリジナルの「祭りTシャツ」を着て雰囲気を盛り上げ、この日を楽しみにしている顧客も大いに盛り上がりますが、SC内のいつもの店舗内で行われています。

規模や場所が重要なのではなく、「祭り」であることが重要なのです。


なぜ、かくも非効率な「祭り」が重要なのか。

私は第4章で、一人ひとりの顧客と「つながり」を持ち、「顧客の数」が増えてくると、そこにコミュニティが生まれると言いました。この**コミュニティが生き生きと生き続けるために、「祭り」は不可欠**なものなのです。

「それはなぜか」に答えるには本書では紙幅が足りませんが、その「なぜか」を考えるには、かくも非効率なものが、世界中で、数十年、数百年、数千年と続いてきたことに思いを馳《は》せてみるといいでしょう。

「非効率」は本当に「非効率」か？

この章の終わりに、根本的な問いを投げかけたいと思います。

「非効率」とは、本当に「非効率」なのでしょうか？

私は、２０１１年に情報学の博士号を授与されました。

その主な研究の一つに「系」の研究があります。「系」とは、英語で言えば「システム」です。「系」のふるまいを研究する科学的学問分野、それを「システム科学」と言います。

あまり一般的には意識されていませんし、表立って語られたりもしませんが、世の中の出来事のすべては「系」で成り立っています。

森が森として成り立つことも、渋滞が起こることも、コロナなどの疫病が流行ることも、そして、**もちろんビジネスも**です。

そこで「非効率」の話ですが、「非効率」とは、何を見てそう判断されているのでしょう。

たとえば、今週行ったことが、来週に成果を生み出すかどうか、といった視点なら、それは文字通り「近視眼的」です。

システム科学の目で世の中を見ると、この「近視眼的」なものの見方が、とても危険であり、頻繁に間違いを犯してしまう元になっていることがわかります。

システム科学では、よく「人は一番距離の近い原因を探してしまう」という言い方をします。この言葉の真意は、物事の「結果」を生み出す真の「原因」は意外と遠いところにあるのに、人はなかなかそういう目で物事を見ようとしない、というところにあります。

この「距離の近い・遠い」がややわかりにくい概念だと思いますので、本章で紹介したロマン産業の非効率な取り組みを例に取りましょう。

ルートの効率を2割落とし、その分車も人員も補充した同社の取り組み。これは、確かに一見非効率です。しかもその目的が「顧客とおしゃべりすること」ですので、近視眼的には「何をやっているんだ？」と怒られそうです。

しかし、その「おしゃべり」という一見ビジネスに何の関係もなさそうな行為は、顧客の心の中に愛着や信頼、共感を生んでいきます。確かに、今日おしゃべりしたからといって、今日それが生まれるとは限りません。往々にして時間をかけて生まれ、育っていくものでしょう。しかしそれは、着実に生まれ、育っていきます。

そしてそれが、次の契約更新の時期や、他社が「下をくぐって」契約を取りにきた時や、何か別の商品やサービスをお薦めした時の、顧客の行動に影響を及ぼします。それはいつなのかわかりません。しかし確実に影響を及ぼします。

また、そういった「結果」に影響を及ぼしているのは、「おしゃべり」だけではありません。同社が顧客に配布・送付しているニューズレターもまた、影響を及ぼすものの一つです。他にも、同社が「顧客の数」を増やすために行っているすべてのことが、大なり小なり影響を及ぼしています。ロマン産業では、それらが巡り巡って、「解約率１％」という「結果」を生み出しているのです。

「風が吹けば、桶屋が儲かる」ということわざをご存じの方は多いと思います。この例のように、物事は往々にして、今行ったことが先々の結果となって還ってくるもの。

また、その結果を生み出す原因も、現実の世界では一つではありません。多くのさまざまな原因が、大なり小なり影響を及ぼし合って結果が生まれている。それが現実の世界なのです。

だから忘れないでいただきたいことは、**今「非効率」と感じることは、先々に最も「効率的」なことなのかもしれない**、ということです。

そしてもう一つ。この「系」で物事を見るやり方は、人間の思考回路にとって、とても苦手なものとされています。つまり、多くの会社・お店は物事を近視眼的にとらえ、一見「効率的」に見える「非効率」な手を打ってしまう。だからあなたは、その罠にはまらないでほしいということです。

コラム

中小企業は、「DX」をどう進めればいいか

「デジタル人材」が確保できない中での、よくある間違い

どちらかというとアナログ派だと思われがちな私ですが、実際にはかなり積極的な「DX推進派」です。

もともと自分のビジネスも、ITの積極的な活用で幅を広げてきました。設立当初は「24時間録音テープが回る電話」で入会希望者との接点を作り、その後もファックス、メール、動画配信システムと、新しい技術を導入して接点を増やしてきました。新しい技術によってできることが増えていくことは、ビジネスにとってありがたいことです。

私に限らず、多くの経営者がDXを進めていきたいと考えているでしょう。ただ、そこで問題になるのが、「デジタル人材をどうするか」。

DXを進めたくても、その価値を理解し推進できる人材がいないというのが、特に中小企業が抱える、DXがらみの最も大きな悩みではないでしょうか。

かといって、世界中で優秀なデジタル人材を取り合っている現状では、中小企業がその戦いに参加できる余地はあまりありません。優秀とされるIT専門人材は、大卒でも年俸

数千万円と言われています。

中小企業としてはどうしても、今いる人材の中でＤＸを推進していくしかないのです。そんな企業でよくあるのが「我が社の中で比較的ＩＴに強そうな人」「とりあえず若い人」をＤＸ担当にする、ということですが、それこそが間違いの根本原因だと、ある研究者は指摘しています。長年、ＡＩの研究開発を牽引する松田雄馬さん（株式会社オンギガンツ代表取締役・大和大学特任教授）です。

今いる人材の中でＤＸを推進していくことが「間違い」なのではありません。社内の「デジタル人材」の把握・任命の仕方に「間違い」があると、松田さんは指摘します。

実は、意外なところに「デジタル人材」はいる

松田さんの率いるオンギガンツが提供しているサービスの中に、「松田式ＤＸＡ（ＤＸ人材育成・アセスメント）」というものがあります。

これは、今いる人材の中で、「誰がデジタル人材に適しているか」、そして「組織全体の〝デジタル度〟はどうなっているか」を測り、あぶり出し、可視化するものです。

私の会のいくつかの会員企業がこの「あぶり出し」を行ったところ、興味深いことが見えてきました。それは、「自社の中では、比較的ＩＴに強い」と思い任命していた社員がそうでもなく、まったくその任についていなかった社員の適性が意外と高い、というようなことが少なからず見られたことです。たとえばある会社では、コミュニケーション下手でなかなか適所が見つからなかった社員に高いＤＸ適性判定が出たことで、会社のＤＸへの希望が灯り、当該社員の活躍の可能性も広がりました。

どのようにＤＸ人材をあぶり出すのかについて説明しようとすると専門的になってしまいますので割愛しますが、ここで言えることは「社内の意外な人が適正人材であることも少なくない」ということです。言い換えれば、「社内にはＤＸ人材がいないと思っていても、実際にはいるかもしれない」ということでもあります。

もちろん、ＩＴを駆使したサービスを提供する企業であるならば、中小企業といえども、より優秀なデジタル専門人材を確保していかなければなりません。しかし、世の中にはそうではない企業もたくさんあります。

ポイントは、現在の組織のあり方に合わせたＤＸです。松田さんは、適性や組織の現状をあぶり出し可視化した後、その人材や組織のありように合わせた人材育成を行っていくことで、多くのデジタル人材問題は解決すると言います。

「未来を託すことができるのは、いつの時代も、その時代の主体者である〝人間〟です」とは松田さんの著書にある言葉ですが、本書の主旨とも重なるものではないでしょうか。

第6章

顧客はあなたが選んでいい

――劣化する顧客、成長する顧客

誠実に応対していてもクレーマーはやってくる。
そんなやっかいな人とは、静かに離れて、つながらない。
価値に共鳴してくれる人と、信頼を深めてお互いに育っていく。
それが、おのずと売上を押し上げていくのです。

6-1

顧客を「選ぶ」という発想

なぜ、クレーマーに苦しめられるのか？

業界のパーティなどで小売店関係者が集まると、必ずと言っていいほど「やっかいなお客さん」の話になるそうです。

「もう食べてしまった弁当がまずかったからと返金を要求された」

「子どもがイタズラで壊してしまった商品の買取りをお願いしたら、逆切れされた」

「他店で買った商品を無料で直してほしいと持ち込んできた」

こんな、ちょっと信じられないような話も、現実にあるようです。

店員に土下座を要求するような悪質なクレーマーの話も、しばしばニュースになっています。

こうしたお客さんからのハラスメントを指す「カスタマーハラスメント（カスハラ）」という言葉も、一般的になってきています。

パーソル総合研究所の調査によれば、カスタマーハラスメントの被害を受けた経験のある人の32・６％が、ここ３年で職場のカスハラ被害が「増加」したと回答しているそうです（https://rc.persol-group.co.jp/thinktank/data/customer-harassment.html）。

あくまで体感ですが、私もこうした事例は以前に比べて増えているような気がします。

「顧客数経営」の企業にはクレーマーがいない、その理由

ただ、それとまったく矛盾したことを言うようですが、**会員企業の集まりでカスハラやクレーマーの話が出ることは、ほとんどありません**。会員には小売・サービス業関係の会社も数多く参加しているにもかかわらずです。

恐らく、その理由もまた「顧客数」にあります。

まず、本書で何度も言っているように、「顧客」とは、あなたに愛着と信頼、共感を抱いた存在です。そういう方がクレーマーのようなことをしてくることは、まずありません。たとえこちらに落ち度があり、大きなミスをしてしまったとしても、です。

会員企業が「顧客の数」を増やす取り組みを始めて異口同音に言うのは、「クレームがなくなった」という言葉です。

これは、クレームが多いことで知られるクリーニング業界の、ある会員企業の話です。

その企業がある時、大きなミスをしてしまいました。本来なら烈火のごとく怒られても仕方のないような案件でしたが、その時は顧客が電話口で「文句を言いたくて電話をしたんじゃないのよ。そちらのためにもなるかな、と思って。私、怒ってるんじゃないのよ」と何度も繰り返し、かえって店主も恐縮してしまったそうです。

やっかいなお客からは「静かに手を引く」

とはいえ、会員企業にもやっかいなお客さんや取引先は、一定数出現しているはずです。

でも、彼らは十分な顧客数を持っているので、やっかいなお客さんや取引先を躊躇なく

「切る」ことができる。だから、悩むことが比較的少ないのでしょう。

よく知られている「パレートの法則」では、全体の客数の約２割の優良顧客が、売上の８割を占めるとされています。だからこそ、この２割の優良顧客のために時間やコストを割くべきだということで、私自身、この法則はおおむね正しいと感じています。

しかし、うまくいっていない店や企業はまさにその逆で、「やっかいなお客さん」に、時間やコスト、エネルギーの大半を使ってしまっているように思います。

顧客数を増やすことは重要ですが、それと同時にやらなくてはならないことがあります。それは、**「やっかいなお客さんとは縁を切り、本当に大事な顧客にこそ力を注ぐ」**ということ。そうすることで、一時的に「お客」は減るかもしれないけれど、「顧客」は確実に増えていきます。

「縁を切る」と言っても、面と向かって「あなたとは付き合いません」と宣言する必要はありません。「静かに手を引く」だけで十分です。

では、「静かに手を引く」には、何をすればいいか。

実際に行っている人たちが言うのは「つながらない」ことです。顧客情報ももらわないし、仕事上もらったとしても、その後何もしない。お礼のメールもニューズレターも送りません。そうすると「縁が切れる」と、彼らは口を揃えます。

これは実際、最も簡単で効果的な「静かに手を引く」方法なのですが、一方では恐ろしい話でもあります。本書で何度もお伝えしている「つながる」ことの重要性が、逆説的によくわかる話です。なにせ彼らはこう言っているのですから。

「つながらないお客さんとは、必ず縁が切れる」

やっかいな企業は結局、消えていく

浜田紙業では、安定的な顧客が増えてきたことで、無茶な納期や値引きなどを求めてくる取引先に対して、特別扱いすることをやめたそうです。

すると、しばらくしてそうした取引先は離れていきました。しかし、結局のところ売上も利益も変わらず、むしろ伸びていきました。このことからも、無茶な納期や割引などを求めてくる「やっかいなお客さん」は、売上や利益にあまり貢献していないということがわかります。

ちなみに会員企業にはこのように顧客の選別をする企業が多いのですが、彼らからよく聞く話があります。それは、**「やっかいな取引先から手を引いたら、○年後にその取引先が倒産した」**というような話です。

無茶な要求をしてくる会社にはやはり、どこか問題があったということなのでしょう。ムリに付き合いを続けると、こちらも巻き込まれる恐れすらあるのです。

「民度」と言うと大げさですが、「人としての常識をわきまえていない」ような相手と付き合う必要はありません。「支払いをしてくれない」「約束を守ってくれない」などはもちろん、客だからといって横柄な態度を取るような人も、顧客扱いしなくていいと、私は考えています。

「ちょっと違う」人とは、あえて付き合う必要はない

やっかいな要求をしてくるお客さんや取引先は、もちろん排除すべきです。

ただ、別にやっかいなことを言ってくるわけでもなければ、ちゃんとお金を使ってくれもするけれど、なんとなく「このお客さん、ちょっと違うよな」という人や取引先があると思います。

そういう相手に対して、どうするか。
基本的には**「価値観が響かないお客さんからは、静かに手を引く」**のがよいと、私は考えます。

「ちょっと違うよな」というお客さんとはどういう人かと言えば、「価値観が響かない人」と言い換えることができるでしょう。


第3章で私は「自分たちが提供する価値は何か」を明確にすることの重要性を説きました。

その価値に共鳴してくれる人こそが「価値観が響く人」であり、いくら購入金額が多いお客さんでも、価値観が響かない人とは、付き合い続けるとどこかで無理が出てきます。

ちなみに、誤解されやすい点ですので改めて言いますが、私はここで「響く」という言葉を意識して使っています。価値観が「合う」ではなく、「響く」です。

なぜ、この言葉使いにこだわるかといえば、第4章でお伝えしたように、価値観がぴったり合わなくても、少しでも響けば、その相手はあなたの顧客になる可能性がとても高いからです。しかし、世の中には、何をしてもあなたの価値観がまったく響かない相手も存在しています。そういう相手を無理には追わない、ということです。

「丁寧に他店を紹介する」ふとん屋さん

大分県大分市に「いとしや」という寝具店があります。

この店の特徴は、布団の品揃えが極端に絞り込まれていること。子ども用の布団に関しては一種類しか置いていません。

店舗の面積が狭いわけではありません。むしろ、家具や雑貨などさまざまな商品が統一感を持って並び、楽しい仕掛けが施された店内は、何時間いても飽きないほどです。

ただ、開業以来「お客様健康寿命日本一」を目指し、「眠り屋」を標榜《ひょうぼう》し、大分県の「健康寿命日本一おうえん企業」にも登録している同店。店主がその価値を認めた布団しか販売したくない、ということで、絞り込んだ商品しか置いていないのです。

そんないとしやにも、時に「とにかく安い布団」や「ある特定のメーカーの布団」を求めてやってくる人がいるそうです。

そんな時、どうするのか。

店主の大杉天伸さんは、「丁寧に他の店をご紹介する」のです。

寝具店ですから、安い商品も、他のメーカーの商品も、取り寄せて販売することは十分可能です。売上も利益も、そのほうが上がるでしょう。

にもかかわらず、なぜそうしないのか。いとしやが「価値観の響く人とだけ付き合いたいから」に他なりません。

たとえ一時的に売上や利益が上がっても、価値観の響かない人たちは「顧客」にはなりません。「顧客の数」を軸に考えれば、自店の顧客に集中しよう、という選択になるのです。

そして、だからこそいとしやには、強固な顧客コミュニティが存在しています。

中には車で数時間かけて通ってくる人や、「ディズニーランドに行くよりいとしやに行くほうが楽しみだ」と、わざわざそのための資金を積み立ててまで来てくれる顧客すらいるのです。

「他社に依頼する」ことを推奨するかのような、不思議な見積書

オフィスなどの清掃や内外装の改装などを請け負う、東京都文京区の「イズミ」。同社では新規の見込み客への見積書に、「他社様にご依頼された場合に確認したほうが良い点」を

添えています。

「なぜそんなことを？」と思われるかもしれませんが、社長の仲川幸男さんはこう言います。

「私たちの仕事に限らず新規の見込み客は、どの業者が信頼できるのか、また頼む時にはどういった点に気をつけなければならないかわからないことが多く、やはり金額が決める際の決め手になることが多いです。そのため、見込み客の不安を解消し、できれば当社を信頼し依頼していただけるように、また、他社様にご依頼された場合もお客様にとって不都合なことにならないように、こういうことをしています」

価値観の響かないお客さんを他の店に積極的に案内する「いとしや」とはまた別の方法で、イズミは、「価値観の響く人とだけ付き合う」という方法を取っているといえるでしょう。しかも、BtoBの世界で。

ここで言いたいのは**「価値観の響かないお客さんを無理に追う必要はない」**ということです。それは、お互いにとってストレスになります。そして、最悪の場合、トラブルに繋がります。

顧客数が増えないうちは、どうしても「数」を取りたいと思うでしょう。でも、そこでぐっと我慢して、本当に価値観の響く人だけを顧客にできるかどうか。

それが非常に重要なのです。

顧客リストを「濃くする」

こうした作業を私は「顧客リストを濃くする」と表現しています。

より、価値観が響く人だけに顧客になってもらう。すると、その人たちがより多くのお金を使ってくれるようになるのはもちろん、その満足度もさらに高まっていく傾向が生まれます。

前述したおおさネイチャークラブも、顧客数を見ることにより業績を伸ばしてきました。

しかし、一方で別の悩みも生まれてきました。

昨今のキャンプブームもあって既存顧客だけでなく新規のお客さんも増え、ゴールデンウィークやお盆などの繁忙期にはすぐ予約でいっぱいになってしまうのです。しかも、こうした時期にはキャンプ初心者の人が増えるため、マナーが悪くなりがちで、かつ、混みあっていてうるさいなどの問題が発生していました。

このままでは本当に大事な顧客も去ってしまう。そこで、松下さんは顧客を「えこひいき」することにしました。

具体的には、ゴールデンウィークに関しては、既存顧客だけ先行予約が取れるようにしたのです。

これは、経営的には苦渋の選択でした。

何しろ、ゴールデンウィークなどの繁忙期は絶好のかき入れ時で、何もしなくても予約でいっぱいになるからです。また、新規客が多いということは、これから顧客になっていく人もそこから生まれてくるということですから、絶好のチャンスでもあります。

しかし、松下さんは「既存顧客の満足」を取ったのです。

この結果、ゴールデンウィークの既存顧客比率は6割を超えました。

キャンプ経験者が多かったこともあり､お客さんからは「マナーが素晴らしかった」「静かで感動した」といった感激の声も寄せられたとのことです。

もちろん、顧客数は重要ですし、顧客数を増やすためには「新規」は不可欠です。しかし、一方で「顧客リストを濃くする」という発想も、必ずどこかの段階で必要となってくるのです。

6-2

顧客は劣化している。だから「育てる」

劣化するお客さん

ところで、なぜ世の中にやっかいなお客さんやクレーマーが増えているのでしょうか。

私はそれを「お客さんの劣化」という言葉でとらえています。

「お客さんが劣化している」……というとなんだか失礼な言い方に聞こえるかもしれないのですが、実際、そうとしか言いようのないケースが増えているのも事実です。

これは最近、多くの教育現場から報告されている話です。

ある学校で、担任の先生が生徒に「今週末に読書感想文を提出してください」と宿題を出しました。すると、親御さんたちから次のような質問が寄せられたそうです。「どんな本を選んだらいいですか？」「感想文は何文字くらいが適切でしょうか？」「書き方がわからないので、見本をもらえますか？」。

このようなことは読書感想文に限らず、運動会であれば「どんな種類の帽子が適しているか」「何リットルの水が必要か」といった持ち物に関してや、「準備中に自分の子どもが遊びたがった場合はどうすれば良いのか」などの質問が寄せられるのだといいます。

不安もあるのだと思いますが、私がこのような話を聞いて思うのは「そんなことまで聞かないとわからない人が増えているのか」という驚きです。

つまり、**明確な答えを、「具体的にこうしてああして」まで教えてくれないと動けない人が増えている**ということ。それを私は「劣化」という言葉でとらえています。

交際相手への連絡にChatGPTを使う？

こうした人が増えている理由の一つは、ＩＴの発達により「すぐに答えがわかる」時代になったことでしょう。

人間の脳は使わないと劣化します。カーナビが発達したことで道を覚えなくなるといったことは、まさにその好例です。

先日、ある学生から聞いた話が強烈に印象に残っています。交際相手からのＬＩＮＥに返事する際、どのように返事をしたらいいかをChatGPTに聞いている人が周りにいる、というのです。

確かに、「それらしい」答えを得ることはできるでしょう。しかし、こうしてすぐに答えが得られるようになると、考えることをしなくなる。すると、「考える力」は劣化します。そして、すぐに答えが得られないと、イライラしたり爆発したりする。実は人というのは、より「便利」になると「忍耐力」が弱くなります。

やっかいなお客さん、クレーマーの増加の背景にはこのような「お客さんの劣化」があるのではないかと、私は考えています。

ではそういう「やっかいなお客さん」とはどう付き合うのがいいのか。

そこは、少し前にお伝えした「静かに手を引く」が適切。それができるよう、「顧客の数」を増やしていくことです。

お客さんの「リテラシー」の劣化

一方、そういう問題とはまったく別種の、今日的な「お客さんの劣化」も起こっています。

それは、「お客さんのリテラシー」の劣化です。

「リテラシー」とは、デジタル大辞林によりますと、

1　読み書き能力。また、与えられた材料から必要な情報を引き出し、活用する能力。応用力。

2　特定の分野に関する知識や、活用する能力。

とされますが、ここでは特に「1」に関することを指します。「価値あるもの」の「価値」を、感じたり、理解したりする能力が劣化しているのです。

それは、たとえばこういうことです。ある呉服店主が言うには、「最近のお客さんは、安い着物と高級な着物の違いがわからない」。

なぜ、そんなことが起こるのかといえば、**「情報が足りていないから」**です。

先の呉服店主も、「そういう方には少し時間をかけ、いい着物をたくさん見てもらい、いろいろなことを説明していくと、そのうち次第に見る目が養われていく」と言いますが、「情報が足りない」とは、そういう機会が少ないということです。

「この情報があふれ、簡単に手に入る時代に？」と思われるかもしれませんが、「だからこそ」です。

このような問題は今日しばしば警告が発せられており、「エコーチェンバー」とか「フィルターバブル」などの言葉を聞いたことのある方も多いと思います。

また、世界中に星の数ほどの発信者がおり、SNSなどを通じて日夜大量の情報が発信されていますが、多くは専門家ではありません。そういう人たちが間違った情報を発信していることもありますが、現在の「情報の受け手」はそれをしばしば鵜呑《うの》みにしています。

一方で、いわゆる「専門家」と呼ばれる人たちの発信は不十分です。私は数十万人、百数十万人のフォロワーを持つユーチューバーやティックトッカーとお付き合いがありますが、彼らは発信について考えに考え、日々、それを行っています。

それに比べると、専門家の多くは十分な発信をしていないと感じます。これはネット上に限らず、たとえばビジネスを手がける専門家たちが日々、店頭やその他の顧客との接点で十分な情報を伝えているかというと、心もとない状況です。

そうして、お客さんの「リテラシーの劣化」は進んでいきます。

お客さんを「育てる」という道

しかし実は、ここに道があります。

それは、「お客さんを育てる」という発想です。

この発想でまさに顧客を増やしているのが、「エスマート」です。

繰り返しになりますが、エスマートがあるのは、新潟の過疎地。しかも、まわりは本当に何もない田園地帯です。

しかし、驚くことにこのスーパーの売り場には、少し前まで「ドンペリ」や「ルイロデレール」といった高級シャンパンも並んでいました。

その理由は、まさにこの店が顧客を育てたからでした。

同店では以前、ワインは3カ月に5本くらいしか売れず、ワイン売り場も小さなものでした。鈴木さんはそのころ、高齢者が多い地域であることもあり、この地域の人はワインを飲む習慣がないのだと考えていたそうです。

また鈴木さん自身、ワインに慣れ親しんでいないという事情もありました。店での販売にも力が入っていなかったのです。

そんなある日、地元での友人たちとの飲み会で、飲みやすく美味しいワインに出合った鈴木さん。ワイン初心者である自分は難しいうんちくは語れないが、「初心者にとっても美味しい」ことは語れる、「初心者の自分がはまっている」という情報なら発信できると思い立ちました。

そこで早速このワインを仕入れ、店頭で「ワイン初心者が飲むべきワインはこれ！」と発信したところ大人気に。たった1銘柄で、1カ月で30本以上が売れました。その後リピーターも増え、このワインはすっかり売れ筋商品となったのです。

すると今度は、顧客の中に「初心者」ではない人が増えてきます。そこで「次に飲むワインはこれ」と品揃えを拡充、自らもワインに詳しくなっていきます。それにつれ、ワイン売り場も大きくなっていき、高級ワインも品揃えされるようになりました。
そうして1年が経つと、ワインは月に40本前後がコンスタントに売れるようになってい
ました。３カ月の売れ行きで比較すると、実に24倍です。
さらに驚くことに現在は、年間およそ１５００本が売れると言います。なんと75倍です。
そしてついには、ドンペリやルイロデレールといった高級シャンパンが並ぶようになっ
たのです（現在は価格高騰・入手困難のため並んでいません）。
これは、「ワイン」というジャンルにおいて、まさに「お客さんを育てて、顧客数を増や
し、売上を増やした」ということです。
しかもこの取り組みが証明してくれているのは、**その商品をまったく利用していなかっ
たお客さんでも、「育てる」ことは可能である**ということです。同店ではこのような営みが
すべての商品ジャンルにおいて行われています。

「成長する顧客」が売上を押し上げる

以前、ある大手食品メーカーの幹部候補生研修をお引き受けしたことがあります。その

際、エスマートを研究対象にしたのですが、彼らの中で、次のポイントが話題となりました。

「なぜこの店は、多店舗化をしていないのに売上が上がっていくのか？」

彼らのビジネス感覚では、商圏人口に限りがあるのだから、他の場所にも出店して店舗を増やしていかなければ、会社全体の売上は上がっていかないはず。しかしこの会社は、1店舗のまま、ずっと売上を伸ばし続けている。それはなぜなのか、ということです。

もちろんその答えは「顧客の数」が増え、その顧客一人当たりの年間購入金額が年々増えていくから。なぜそれが起こるかと言えば、この店では先のワインのようなことが全ジャンルで起こっているからです。

この事実をこのメーカーでは、「成長する顧客」というキーワードで読み解きました。一人ひとりの顧客が成長するからこそ、さまざまなもの、商品ジャンルの中の「より良いもの」を買うようになる。その結果として、年間に購入するボリュームが増え、店から見れば、顧客一人当たりの購入金額が増え続けていくのだと。

まさに「お客さんを育てる道」です。

「顧客劣化は自分たちのせい」と考えることで、行動が生まれる

先ほどから「劣化」と上から目線の言葉を使ってしまっていますが、実際には**「自分たちの活動が不足しているから、お客さんのリテラシーが低くなってしまっている」**という発想をしたほうがいいでしょう。


第3章で「立春朝搾り」の取り組みをお伝えした日本名門酒会。

ずいぶん前から「日本酒離れ」という言葉が聞かれますが、日本名門酒会が発足した1975年当時は、消費者だけではなく酒販店でも「日本酒はもう売れない」「別の酒を売ればいい」という考え方が強くなっていたそうです。

結果として日本酒の知識がない酒販店が増え、ますます売れ行きが下がる、という悪循環となり、蔵元が集まるたびにこうした現状を嘆く声が上がっていました。

「最近の酒販店は日本酒についての知識がなさすぎる」

「いくらこちらのこだわりについて伝えても、まったく理解してもらえない」

しかし、嘆いていても始まりません。そこで、発想を変えました。「日本酒離れは、蔵元から卸、酒販店の全体として、消費者に価値をちゃんと伝えていない表れだ。サプライチェーン全体で改善に取り組まねばならない」

そして、卸売業である岡永が中心となり、蔵元や酒販店とともに、サプライチェーン全体で共鳴価値を生むための活動を改めて始めたのです。

実際、最終的に日本酒が売れるかどうかは、お客さんとの接点である酒販店に大きく左右されます。

そもそも、今日のお客さんの多くは日本酒のことをよく知りません。純米吟醸とは何か、精米歩合がどうとか言われても、何のことだかわからない。日本酒の価値をいかにわかりやすい言葉に代えて伝えられるかが、売れ行きを大きく左右します。

私の会員には酒販店も多いのですが、その価値をうまく表現したＰＯＰ等を用意することで、驚くほどの売上を上げていたりします。

それまで年に18本しか売れていなかった日本酒のある銘柄を、たった2年で１０００本以上売れる商品に育てた店もあります。

実はこうした酒販店はむしろ、自分たちのほうから蔵元に連絡したり取材をしたりして、情報を集めているところが多いのです。なぜかといえば、彼らのもとにもまた、お客さんに価値を伝えるための情報が十分に入って来ないからです。

こうした状況を変えるには、一酒販店だけ、一蔵元だけでは不可能です。

そこで、そもそも日本名門酒会の運営母体であり、日本酒の卸売業である岡永が中心となってサプライチェーンの全域で取り組んでいくことになったのです。

岡永の飯田永介社長は、こう言います。

「中間流通の役割は、価値を広めていくことだと信じてやってきました。酒蔵のようにお酒を造ることも、酒販店のようにお客様にお酒を販売することもしませんが、商品や企画、仕組みを駆使して、酒蔵や酒販店の〝点〟を〝線〟で結ぶ使命があると思っているんです」

卸売業として流通の中間に位置する同社は、見方を変えれば業界のプラットフォームになり得ます。最も情報が集まって来るからです。

「お客さんのレベルが落ちている」「現場のレベルが落ちている」と嘆く声をあらゆるところで聞きます。「〇〇離れ」も日本酒業界だけの悩みではありません。

だとしたらそれを解決するために、今何ができるのかを考え、動き始めることが未来を開くのです。

米屋も魚屋も家具屋も……専門店がなくなりつつある今がチャンス

そう考えた時、「最近のお客さんはこんなことも知らないのか」という「お客さんの劣化」は、大きなチャンスであることがわかります。

特に最近、いわゆる「専門店」が減少しています。

たとえば「米屋」「魚屋」がなくなり、代わりにスーパーで購入する。「家具屋」「布団屋」がなくなり、代わりにホームセンターで購入する。全国で「ビューティーケアつかもと」のような化粧品専門店が激減していることは、前述した通りです。

しかし私はこんな時代だからこそ**「専門店にこそチャンスがある」**と考えます。

先日、知人に聞いた話がとても強く印象に残っています。

煙草の専門店にパイプ煙草を買いに行った彼は店員さんに、「これとこれはどう違いますか?」と聞いたのだそうです。すると、その店員さんはぶっきらぼうに、こう答えたそうです。「さあ？　全部いちいち吸ってられないんで」。

これは嘆くべき現場の劣化ですが、見方を変えれば「チャンス」です。

なぜなら、全国で専門店が減少し、専門店の看板を掲げながら現場が劣化しているのであれば、お客さんは「本物の専門店」となかなか出合えていない、いわば「専門店難民」になっているからです。

そんなお客さんが、ひとたび「本物の専門店」に出合ったら、どうなるでしょう？

私には十年ほど前から大変お世話になっている靴専門店があります。

この店と出合ったころ、長年全国を出張で飛び歩く生活を送ってきたために持病ともいえる足底腱膜炎《けんまくえん》を患っており、徐々に悪化していましたが、職業病のようなものだと半ば諦めていました。

しかし、あるきっかけでその店を訪ねた時、その問題は靴で解決することがわかりました。そして、それまで履いていた靴は、どれも解決というより、炎症を促進してしまっていたことも。

おかげさまでその後、その店で買った何足もの靴を履いている限り症状も出ず、悪化もせず、今も全国を飛び回ることができています。

つまり私は「専門店難民」だったのです。救われた私はもちろん同店の顧客になり、今は平和に過ごせていますが、かつての私のように、自分がそうであることを知らない人たちも、世の中にはたくさんいるのではないでしょうか。

専門店の最大の魅力は「専門知識」を用いた「技芸」です。

そしてそれは、「共鳴価値」につながり、「顧客の数」を増やすことにつながるものです。

全国の専門店には、大いに自信を持っていただき、自らをより磨いていただき、かつての私のような「専門店難民」を一人でも多く救ってあげてほしいと願います。

顧客数経営の
カギを握るのは
「人」、そして「土壌」

第

7

章

顧客数経営を実現するために必要な最大の要素。
それは実は「人」。
あなた自身はもちろん、社員みんなが成長していくことで
成し遂げられていく。
そして、その種はすでにあなたたちの中にある。

7-1

「人がいない」を解消する、たった一つの仕組み

なぜ、一人で一千社以上の企業を見ることができるのか？

ここまでお読みいただき、事例をご覧になって、どう感じられたでしょうか。「とても真似できない」と思った方もいるかと思います。

また、読み進むうちにお気づきになった方もいると思いますが、本書で語られているような「顧客の数」で経営をしていくには、「人」が重要な役割を担います。「つながり」を生むのも、「リアル」や「技芸」で惹きつけるのも、すべて「人」が行うことだからです。

「しかし、当社にはそんな人材は見当たらない」

そうお感じになった方もいるかもしれません。

ただ、この本に出てきた人が行ったようなことは、実は誰でもできること。必要なのは特別な才能ではなく、「ひたすら働く」ことや「人一倍頑張ること」でもありません。

そこで知ってもらいたいのが、これからお話しする「人」と「土壌」の話です。

私は2000年にワクワク系マーケティング実践会を創立し、これまでずっと数多くの経営者、ビジネスパーソン、会社やお店に関わってきました。そして、本書にも登場する多くの会社をはじめとして、彼らが素晴らしい成果を上げる様子を間近で見てきました。

しかし、そのほとんどが、最初から「素晴らしかった」わけではありません。

と言いますか、ほとんどの会員さんは「業績が悪い」などの悩みを抱え、まさにギリギリの状況で入会してきます。

つまり、「できていた」方々が、さらに高い成果を出しているわけではないのです。

そんな企業が常時、千数百社が所属する会員組織を、長年私一人で（近年は肥前利朗というチーフエバンジェリストと二人で）見ているのですが、それに対して、「小阪先生お一人で、どうやってそれだけ多くの会社やお店をご指導されているのですか？」ということを、よく聞かれます。

一人で千数百社を指導――それは無理です。そして、ここがポイントでもあります。

そもそも、人は「指導」しなくても育つもの。たとえるなら人は「球根」。そもそも「育つ」ようにできているのです。

課題は、その球根が咲かせるべき花を咲かせるための「土壌」。その「土壌」さえ整えれば、一人で数千社の成長に貢献することが可能になるのです。

そして、それはつまり、土壌さえ整えれば、「当社には顧客と関係を作り、育てるような人材は見当たらない」といった問題も、おのずと解決するということです。

「開花」のサイクル

その「土壌作り」に欠かせないものが二つあります。

その一つは、私が「開花のサイクル」と呼ぶものです。

この「開花のサイクル」は、人が持っている才能や能力が自然と花開くプロセスを指しています。経営だけでなく、自転車の乗り方や車の運転の習得など、あらゆる分野で共通する人間のメカニズムです。

あなたが自転車に乗ることができるのなら、あるいは楽器が弾けたり、料理ができるのなら、あなたもこの開花のサイクルを経験したことがあるということです。

このメカニズムをなぜ「開花のサイクル」と呼ぶのか。それは、その人が元々持っている潜在能力や感性が花開く過程を示しているからです。

たとえば、エスマートの鈴木さん。

彼は２００９年に私たちの会に参加しましたが、その時点では廃業の危機に瀕《ひん》していました。しかし、私たちの会に参加し続け、徐々に成果を上げ始めました。彼は２００９年当時を振り返り、最初の１年間は、私が話す内容の大部分が理解できなかったと言いますが、４年後には過去最高の売上にまでＶ字回復させ、現在では農林水産大臣賞を受賞するまでになりました。

この間、私が彼に手取り足取り、ああしろこうしろと「指導」したわけではありません。でも、彼は素晴らしい店づくりができるようになった。つまり、この繁盛店を作り出せる能力と感性は、そもそも彼が持っていたもの。**つまり彼は、現在の繁盛店、この大輪の花**

を咲かせられる球根だったのです。

まずは「知る」――失敗例よりも成功例を語る理由

開花のサイクルを回すにはまず、「知る」ことがスタートになります。新しい知識や視点を得ることは、常に変化の第一歩となります。

「知る」には、理論や方法、他社の実例を知るということも含まれます。本書ではまさに、この理論と実例を同時に紹介してきました。

「知る」ことは常に、「できる」ようになることの始まりです。

「知った」からといってすぐ「できる」とは限りませんし、鈴木さんのように初めはすんなり「わかる」とはならないこともあります。

しかしとにかく、まずは「知る」、インプットすることです。

他の人が成功した例を見ることも大切です。成功例を知ることで、自分でも同じように再現できる可能性が広がります。

世の中には「失敗学」という学問もあるくらいですから、もちろん失敗事例からも多くを学べます。しかし、私の会ではあくまで「成功事例」だけを共有します。なぜならここでは、成功事例を自社・自店に落とし込んで再現することを目的としているからです。

失敗事例は興味深いものですが、人の時間は有限です。開花のためには成功事例のインプットを優先させるということです。

本書に出てきた例を読んだ方の中には、「業界が違うから参考にならない」と考えた人もいらっしゃると思います。

しかし、ここは「顧客」から考えてみてください。業種・業態が何であろうと、相手は「人」です。人の心はどんな業種・業態でも変わりません。だからこそ、浜田紙業のようなBtoBの世界でも、ニュースレター一つで大きな取引が決まってしまいます。

私たちの会では、異業種の成功例を共有することが多くあります。歯科医院の成功例を卸業が活用するなど、大きく異なる業種でも応用可能なケースが多くあります。

この応用に慣れてくると、自社の成功例もぐっと増えてきます。

成果が上がらなくても、レベルは上がる

次のステップは「自分でもやってみる」です。

すると、「やる」前より少し「できる」「わかる」ようになっていく。そして、さらに知りたくなる。

このサイクルを回すことで、どんどんレベルアップしていきます。

私はアメリカに本部を置く世界最大の神経科学学会（噛み砕いて言えば脳科学学会）に正会員として参加していますが、「開花のサイクル」は、脳科学的にも裏付けられています。

脳の中では、「ニューロン」と呼ばれる神経細胞のネットワークが、新しい情報や経験を通じて変化し、成長していきます。この変化を促すためには、やり続けることが重要です。成果が出なくても、やり続けることで脳の中の変化は進み、レベルアップしていきます。

ここで、よく誤解される重要なことを伝えておきます。

それは、**やってみて成果が出なくても、それでも「レベルが上がる」ということ**。

つまり、当初うまくいかなくても、何度も繰り返しこのサイクルを回すことで、必ずレベルアップし、着実に「できる」日に近づいていくのです。

あなたが今自転車に乗れるとして、初めて自転車に乗った日、すぐその日のうちに乗れるようになったでしょうか？　まだ補助輪がなければ、転んでしまっていたのではないでしょうか。しかし、日々練習し続けているうちに、一歩一歩着実に「乗れる日」に近づいていった。そしてある日「乗れる日」がやってきてあなたは今、自転車に乗れている。

ビジネスもそれと同じなのです。

「開花」をスピードアップさせるには

このサイクルを早めるためには、「振り返り」が非常に効果的です。「振り返り」の時にこそニューロンのネットワークが構築されるという、脳科学の研究知見もあるほどです。

「振り返り」とは、文字通り、自分が行ったことを振り返ること。なぜそれを行ったのか、行う前にどんな仮説を立てたのかなど、いわゆるＰＤＣＡ的に振り返るのがよいでしょう。

ちなみに、「振り返り」は「反省」ではありません。したがって、「**うまくいかなかった**

こと」より「うまくいったこと」を振り返ることが大切です。

そしてそれを「外化」する。つまり、人に話してもいいし、レポートのような形にまとめてもいいので、とにかく外に向かって発信するのです。

また、もう一つ効果的なことは、あなたが外化した時、ポジティブなフィードバックを受けることです。「ポジティブなフィードバック」とは、有益なアドバイスや励まし、ねぎらいなどのことを指します。

もちろん、あなたが誰かから「振り返り」を「外化」された時は、「いいね！」「頑張ってるね！」のひと言でもいいので、ポジティブなフィードバックを返してあげましょう。「振り返り」「外化」「ポジティブなフィードバック」、これらは開花のスピードを上げる加速装置です。あなた自身や、あなたが開花してほしいと願う人に向け、意識的に活用していきましょう。

そして、忘れてほしくないことは、この「開花のサイクル」はほとんどの人の脳に生まれつき備わった、あなた自身がすでに持っているものだということ。その「持っているもの」のスイッチを入れるだけだということです。

「開花のサイクル」

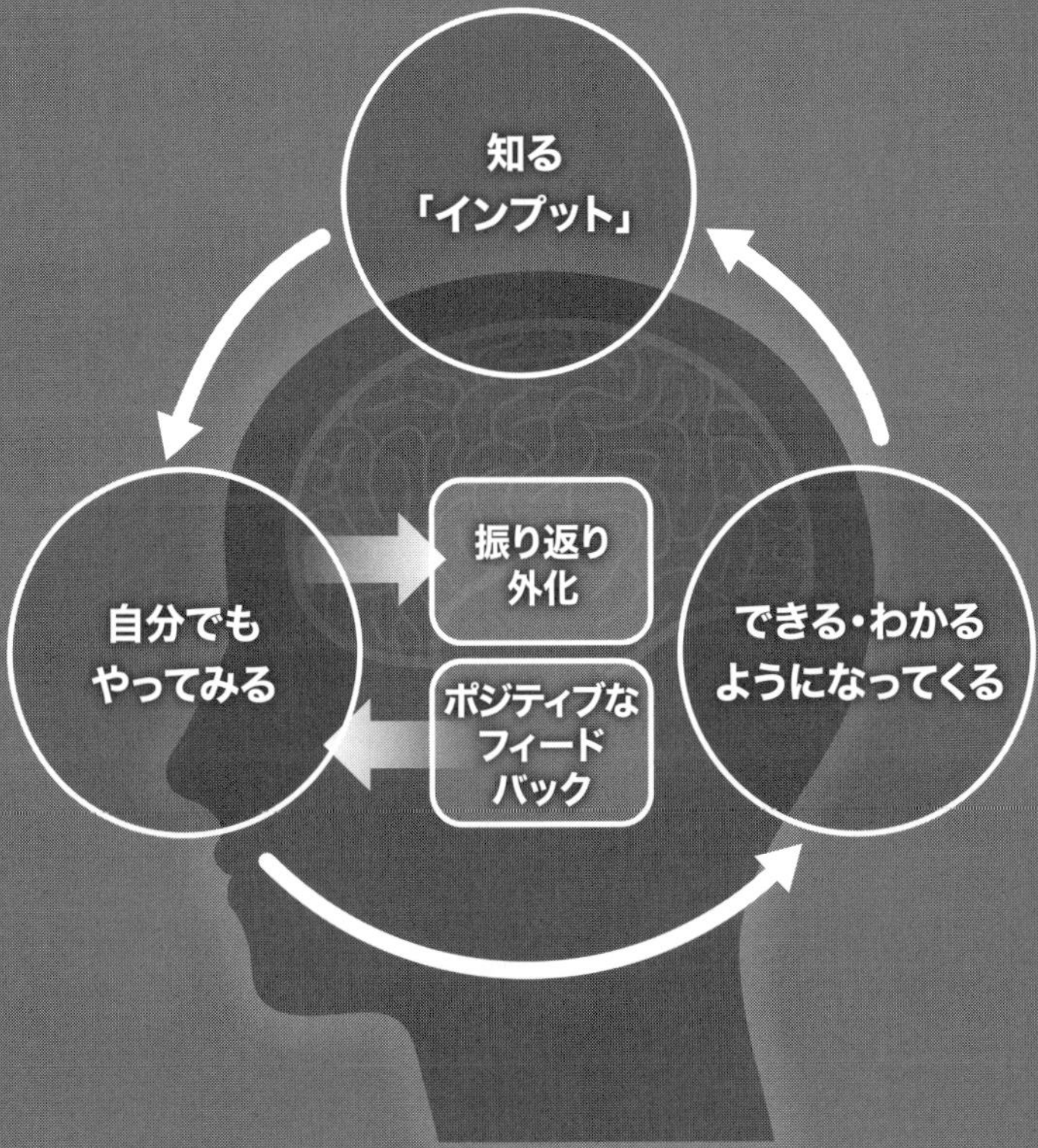

知る（インプット）→自分でもやってみる→できる・わかるようになってくる、というサイクルを回すこと、そして、このサイクルが自動的に回るような土壌を作ることにより、人は誰でも開花が可能になる。

7-2

「環境の力」を使う

組織に決定的な影響力を持つ「集団的知性」とは何か？

では、この「開花のサイクル」が自然に回るようになるには、どうしたらいいか。
そこで、土壌づくりのもう一つの要素を使います。それが「環境の力」です。

人にとって、「環境の力」は、決定的です。
人間の脳は、環境の影響を大きく受けます。たとえば日常的に誰と会い、どのような会話をし、どんな人々とビジネスを行うか。それはまさに「環境」ですが、それが脳に与える影響は計り知れません。

特にビジネスにおいて最も影響力を持つ環境は、「集団的知性」のある環境です。「集団的知性」とは、マサチューセッツ工科大学のアレックス・ペントランド教授によれば、「他人と関わり、彼らから学び、お互いにアイデアを共有して検討することで生み出される」集団の知性のこと。それが生まれれば、メンバー個々の知性を上回り、「その集団に属しているメンバーは、孤立して行動している場合よりも優れた意思決定を行えるようになる」（『ソーシャル物理学――「良いアイデアはいかに広がるか」の新しい科学』アレックス・ペントランド著／小林啓倫訳、草思社、２０１５年刊、77頁）と教授は言います。

しかし、単に人が集まるだけでは「集団的知性」は生まれません。特定の条件が必要で、中でも特に重要なことは、さまざまなアイデアが集まり、共有され、検討され、活用されていることです。

私たちの会では、毎月１５０件から２００件の事例が集まり、会でそれを活用していますが、これはアレックス教授が「アイデアの流れ」と呼ぶものそのもので、そうした情報がその集団内で盛んに共有されたり活用されたりすることにより、集団的知性が生まれるとしています。

そこにいるだけでレベルが上がる!?

このような集団的知性が生まれるグループに所属することで得られるさまざまな利点については多くの研究が示していますが、特に注目されているのは次の3点です。

1　無意識の社会的学習
2　周囲の模範的行動の模倣
3　個人的考察と実験

「無意識の社会的学習」とは聞きなれない言葉だと思いますが、私たちは自分の周りから無意識に学び取ることができるという意味です。ぐっとかみ砕いて言えば、「そこにいるだけでレベルが上がる」ということです。

「そんなことがあるのか」と思った方もいるかもしれません。しかし最近の研究では、人は思考や習慣も、近しい存在から伝染することがわかっています。ある研究では「肥満」も伝染するというのです。つまり、どんなグループに所属し、どんな人たちと過ごし、どんな会話をし、どんな刺激を受けるかが、無意識のうちにあなたに具体的な変化を引き起こすということです。

私たちの会では、オンラインや各地で会員同士が集まり、互いの成功例や課題を共有し合います。こうした場を作ることで、自然に成長し続けることができます。

リアルの定例会合などでは、みな話が尽きません。私たちが借りている会場の貸し手にはよく「みなさん、本当によくしゃべりますね。あと、よくメモを取っている」と言われます。

ある時、私たちの集まりにご招待した来賓の方が、こうおっしゃったこともあります。「こんなにキラキラと、楽しそうにビジネスの話をする集まりを見たことがない」

明るく元気に、自分たちの成長、自分たちが今関わっている物事が良くなることを語り合える場。こうした場があることで、自然にレベルが上がり、成果が出るようになるのです。

「真似る」ことで最速で伸びる

「周囲の模範的行動の模倣」とは、かみ砕いて言えば、「うまくやれている人（会社・お店）を真似ること」です。

私たちはこれを「まねぶ」と呼んでいますが、この言葉は、慶応義塾大学・総合政策学部の井庭崇教授から教わったものです。

実は先の「無意識の社会的学習」についても、私たちは「つかる」という共通言語――「お湯につかる」の「つかる」です――を使っていますが、こちらも井庭教授から教わった言葉です。

実際、「まねぶ」ことはパワフルです。

お気づきになったかもしれませんが、この「まねぶ」は「成功事例の再現」と近いものです。そういう意味でもパワフルなのですが、この「まねぶ」が最大の力を発揮するのは、初めて何かを行う時、まだその何かに慣れておらず、習熟していない時です。

人は初めて何かを行う時、何をしたらいいか、何から始めたらいいかがわからないものです。ゆえに、そこで動きが止まってしまうことは、実は人として自然なことです。たとえばあなたがカレー粉からカレーを作ったことがないとして、「作って」と言われても、何をしたらいいか、何から始めたらいいかがわからないという状況と同じです。

そこで現代ならネットを見て、カレー粉からのカレーの作り方を調べたり、動画で手順を見ながら見よう見まねでやってみるでしょう。

それと同じことが「まねぶ」というものです。

とすると、「見よう見まね」できる何かが必要です。

まさにそれが、集団的知性のある集団の中を流れている「アイデア」、数多くの成功事例なのです。

「つかる」と「まねぶ」が９割

ここで、最初聞いたときは私も驚いた、アレックス教授の研究知見をご紹介しましょう。

それは、「まねぶ」の持つ影響力の大きさです。

具体的にアレックス教授は、成果を出したければ、エネルギーの９割を「まねぶ」に注ぐことを推奨しています。

教授は、先述の『ソーシャル物理学』の中でこう言います。「複雑な環境における学習を数学モデルにして確認したところ、最善の学習戦略は、エネルギーの90％を探求行為（うまく行動していると思われる人を見つけてそれを真似する）に割くことだった」。

集団の中で「うまく行動していると思われる人を真似る」ためには、その集団やアイデアの流れの中に「つかる」ことをして、成功事例やそれを成し遂げた人を見つけ、真似なければなりません。

また、「つかる」ことは周囲の人々に接することにもなりますが、それはまさに「無意識の社会的学習」。その強い影響を、教授もこう言っています。

「その力の大きさは、遺伝子が行動に及ぼす影響や、ＩＱが学業成績に及ぼす影響に等しい」

そしてこの影響は、先ほども言いましたように、ただ単に「そこにいる」だけで受けるものです。

「つかる」と「まねぶ」の影響力の大きさがおわかりになるでしょうか。

「つかる」と「まねぶ」が、成果をもたらすものの９割を占めている。

逆に、集団的知性の中で「つかる」ことも「まねぶ」こともしないで同じ成果を出そうとすれば、10倍の努力が必要だ、ということです。

これほど絶大な「環境の力」。これを活用し、「土壌」を整える。

そうすることで、そこに属する個々の人たちの「開花のサイクル」は自然と回っていきます。そうして人々は開花していくのです。

生き抜く力

本章でお話ししてきたことは、ちょっと大げさな物言いになりますが、人の「生き抜く力」に関わることだと、私は思います。これまで長く会を主宰し、数千人の経営者と直接関わり、数十万人のビジネスパーソンと直接的・間接的に接してきた私の、とてもリアルな感覚です。

第1章で、現代は不確実性の時代だと言いました。不確実性の時代とは、何が起こってもおかしくない時代、予期せぬことが突然起こり得る時代だということです。

それをリスクととらえるならば、うまくリスクを避けるのは不可能なこと。予測できないからこそ不確実性の時代なのです。

そこでの「生き抜く力」とはすなわち、「何があっても、うまくやっていく力」。たとえば、コロナ禍を生き抜き、主力商品が価格暴騰・入手困難になっても生き抜いている、キース・山本さんのような力です。

今、教育の世界で注目されている概念があります。

それは、「非認知能力」というものです。

「非認知能力」とは、「やり抜く力」「協調性」「楽天的」など様々な力を含みますが、東京大学名誉教授の汐見稔幸氏は、これを「魚捕り」にたとえて、

・魚を取る罠をひたすら作り続ける集中力
・罠を改善したり罠を仕掛けるポイントを考える直感力
・魚が取れなくてもあきらめない忍耐力
・失敗しても、まあいいかと思える楽天性
・友達と協力する力
・間違ったことをしたら素直に謝ることができる正直さ

などを併せ持った力としています。

つまり、「何があっても、うまくやっていく力」です。

この「非認知能力」、「何があっても、うまくやっていく力」こそ、不確実性の時代に必要なものであり、培っていかなければならないものです。だからこそ今、教育の世界でも注目されているのでしょう。

不確実性の研究者、ナシーム・ニコラス・タレブ氏も、この時代に必要なことは、「『強い』ことでなく『反脆《はんもろ》い』ことである」と主張しますが、非認知能力と重なるものだと思

います。特段「強く」はないけれども、何があっても、うまくやっていける。そうして、この不確実性の時代を生き抜いていく。

とはいえ、「不確実性の時代」は今に始まったことではなく、太古の昔から、大自然の中に生きる私たちは不確実性の時代に生きています。

そして、胸を張っていいのではないかと思うことは、私たちは「生き残った者の子孫」であるということです。

だからきっと私たちは、これからも生き抜いていけます。

自らを開花させ、他者と集団的知性を築いていきながら。

コラム

あなたの会社を「集団的知性」にする方法

「事例」を集め、「アイデアの流れ」を創り出す

本章でお伝えした「集団的知性」。あなたの会社やお店に集団的知性を生み出すには、何をすればいいのでしょうか。

まず意識してほしいことは、あなたの会社やお店の中に「アイデアの流れ」を生み出すことです。

「アイデアの流れ」とは、ささやかなものも含めて、数多くの多様なアイデアが、集団の中をいつも流れていること。そしてそれを、集団のメンバーがいつも目や耳にし、同意したり、検討したり、参考にしている状態が、集団的知性が生まれる状態です。

会社やお店において、最も身近で重要なアイデアは「事例」です。

代表的なのが、誰かが成果を出した「成功事例」。これは集団的知性が生まれるために最も重要なものですが、往々にして、会社やお店の中で埋もれてしまっています。一つだけの店や会社でもそうなのですから、全国各地に営業所がある、あるいは店舗が数十店もあるような会社となると、まず埋もれてしまいます。

この事例を埋もれさせないようにすくい上げ、集団のメンバーが見たり聞いたりすることができる状態にすること。これが最も重要で、最も現実的な、集団的知性を生み出す活動です。

私が関わっている会社組織では、まず次の二つの活動を重点的に行います。

1　社内に埋もれている事例をすくい上げる
2　それを、社内で共有できる仕組みを作る

もっとも、それまでこうした活動が行われなかった会社では、最初からスムーズにいくことはそうそうありません。たとえば、ネット上に事例を投稿できる仕組みを作って「投稿してください」と依頼しただけで、すぐにたくさんの事例が集まるようなことはありません。

そこで諦めてしまう会社も多いのですが、せっかくそこに「アイデアの流れ」の下地があるのに、非常にもったいないことです。

「ジェネレーター」という役割

ここで重要になるのが「ジェネレーター」です。

ジェネレーターとは、私たちの定義では、事例に代表される社内にある「知」をすくい

出し、共有し、それを参考にさらに多くの「知」を生み出すなどして、集団的知性を生成していく役割を持つ人のことです。

「指示・指導」をする役割ではありません。あくまでも、集団のメンバーが活発にアイデアを出し合い、共有し、より創造的な活動を行っていくことを支援する役割です。この概念を提唱している慶応義塾大学の井庭崇教授によれば、「ジェネレーターが力んでがんばって動かしているというわけではなく、参加者とともにエネルギーを生成・増幅させている」存在です。

もう少し具体的に、その役割を説明しましょう。

全国に数十店舗を持つ会社があるとします。そして、そのうちの一店舗で、たくさんのアイテムの中のある特定の商品が、他店の数倍売れていたとします。

普通なら埋もれがちな事例ですが、ジェネレーターはそうした事例をすくい上げ、他店のメンバーの目に触れるようにします。たとえば、「ジェネレーター通信」のようなメディアを作って、その事例を取り上げ、全店で共有するなどです。

こうして共有された成功事例に、さらに各店からのアイデアが加えられ、全店で新たなその商品を売るための取り組みが行われます。その結果としてその商品の売上がさらに伸びるとともに、こうした各店の取り組みが記録され、後々の参考事例となります。これもまた、ジェネレーターの役割です。

こういう活動がその集団に定着してくると、日ごろから「アイデアの流れ」が集団内を活発に流れることになり、集団的知性が発揮される組織となります。

今お伝えした例は、単なるたとえではありません。実際に業種を問わず、このような取り組みが多くの企業で実現しています。そして、それはどんな組織・集団でも実現できることです。

集団的知性の研究者、アレックス・ペントランド教授はこう言います。

「集団的知性は、個々の構成員が持つ知性とはほとんど関係ない。個人の能力よりも優れた、集団で問題を解決する能力は、個人の間のつながりから生まれる」（『ソーシャル物理学』）

人間の集団だからこそ生まれる「集団的知性」。ぜひ、あなたの会社・お店でも、その力を発揮させてください。

終章

「幸せな安定」という選択肢
――人間らしいビジネスとは？

欧米には「安定」という概念がない？

先日、アメリカとカナダからのお客さんの訪問を受けたのですが、そこで、とても意外なことを言われました。

「日本には安定という概念がありますよね。それが素晴らしいです」

言うまでもなく、安定という言葉自体は、英語にもあります。ただ、彼らが言うには、「アメリカではビジネスとは成長するものであり、ビジネスにおける安定という概念はほとんど存在しない」そうなのです。

似たような話を、知人のシンガポールの大学教授に聞いたことがあります。

その方はシンガポール以外の国でもビジネススクールなどで教えているのですが、講義で「長期に滅びないものを作る」「短期的な成功は身を亡ぼす」「ゆっくり丁寧にやる」などの重要性を説いても、なかなか理解してもらえないのだそうです。

「そんな話はいいので、短期的に成功する方法を教えてください」と言われてしまうのだと。

これはまさに、資本主義というものを象徴するような話です。

資本主義とは、1000万円の元手があったらそれを使って2000万円を稼ぎ、今度はその2000万円を使って4000万円を稼ぎ、という世界。いわば再投資して拡大し続けるのが企業であり、ビジネスだということです。

本書でたびたび問題視してきた「前年比」という概念もまさに、そうした思想から生まれているのでしょう。

これはまさに「安定」とは真逆です。

ただ、そんな資本主義の限界が叫ばれているのはご存じの通りです。

不自然な成長とは「膨張」である

そもそも、システム科学の世界では、あらゆるものが成長し続けるというのは不自然なこととされています。自然界のすべては本来、絶妙なバランスを保っている、という物事の見方が、その原点にあるからです。

たとえばある島の中で、一つの生物だけが分不相応に繁殖するとどうなるでしょうか。生態系が崩れ、結局はその生物も数を維持できなくなって元に戻るか、あるいは島の生態系が破壊され、荒れ地になるかのどちらかです。

そのため、成長とは限界があるもの、不自然な成長は「膨張」と同義とされるのです。

一方、私がこの本で述べてきたことをひと言で言えば、「ビジネスを安定させる」ということになります。

目先の売上に一喜一憂せずにビジネスを続けるために必要なものは何か。その答えとして「顧客の数」というのが、本書の問いかけであり、結論です。

ただ、そうして得られる安定とは、じっとしていて得られるものではありません。

「安定」はじっとしていると得られない

世の中の多くのものは、一見、不変なようで実際には変化しています。

典型的なのが私たちの体で、日々、新しい細胞が生まれ、古い細胞が死んでいっています。4カ月ですべての細胞が入れ替わるそうなので、4カ月前の自分と今の自分とはまったく違う、ということも言えます。

生物学者の福岡伸一氏はこの、絶え間なく動き、入れ替わりながらも平衡状態を保つシステムを「動的平衡」と呼び、それこそが生命の本質だと説いています。そして、だからこそ我々は変化に対応できるのだと言います。

実際、実績を上げている会員企業の多くが、さまざまな新しい取り組みを常に行っています。

彼らの特徴は、とにかく「動く」こと。新しいことをやってみて、結果を見て、考えて、また動く。

そう、**「安定」とは「動く」ことでしか得られません。**

このことを私は「動的安定」と呼んでいますが、生物学での「動的平衡」と相似形を成す概念です。

また、「安定」とは「脱・成長」という意味ではありません。

安定しているものが、結果として成長することはもちろんあるでしょう。第1章でお話しした「成長しちゃった」というものです。

ただ、そこにおける「成長」とは、自然なものですし、適切なものでしょう。

そして、そうして得られる安定とは、ただの安定ではありません。

それは「幸せな安定」です。

「幸せな安定」という概念

このような安定を得ている人たちの一つの特徴、それは彼らが皆「愉しそう」だということです。

自分たちに愛着と信頼、共感を抱く顧客がいるからこそ、いつも顧客の喜ぶ顔を見ることができる。だからやっている自分たちも楽しくなる。

その上、喜んでもらうために「動く」ことがまた、結果的に顧客を増やし、収益を生んでいく。それもまた、愉しさを支えていく。


そんな、安定。

これを私は「幸せな安定」と呼んでいます。


一方、不幸せな安定というものもあります。確かに売上は安定しているけれど、お客さんとはギスギスしている、従業員も疲弊している。これは「安定」かもしれませんが、「幸せ」ではありません。

もちろん、あなたが莫大なお金を稼いで自家用ジェットで飛び回るような暮らしをしたいとか、イーロン・マスクのような世界的な経営者になりたいというのなら、話は別です。

でも、そうでないというのなら、この「幸せな安定」を目指してほしいと思うのです。

では、そんな「幸せな安定」はどのようにして手に入れればいいのでしょうか。

一つは、何度も申し上げてきたように「顧客の数」です。

自分たちと価値観の響き合う顧客をある程度手にすることができれば、売上が安定するのはもちろんのこと、自分たちの施策が喜ばれる可能性が高まります。自分たちと価値観の響き合う人たちが顧客なのですから、当然のことです。

それはすなわち、「顧客の笑顔を目にし、喜びの声を耳にする機会が増える」ということ。

それがビジネスに、仕事に、何をもたらすのでしょうか?

息子が「学校を辞めたい」と言い出した理由

ここで、こんな事例をご紹介しましょう。

静岡県浜松市の居酒屋「ほりかわ」は、「顧客の数」を増やす2年間の取り組みで、顧客(同店では「会員」と呼んでいます)が0から402人になるとともに、客単価は4487円から6279円へと1・4倍に、売上も前年比1・5倍に。まさに「顧客数の方程式」を体現するようなお店です。

ほりかわではさらにその間、毎週の定休日の他に休みを増やし、月に1回連休を取れるようにし、ラストオーダーも23時30分から22時に。つまり営業時間の短縮も行いました。

ちなみにラストオーダーの時間を短くした経緯は少々ユニークです。

もともとは、コロナの際に時短営業を要請され、やむなくラストオーダーを23時30分から22時にしたのだそうです。ただ、時短営業解除後、ホームページの情報を変更するのを忘れていました。ただ、それでも売上は一向に減らないし、何より、自分たちがとても快適だということで、そのまま営業時間を短縮してしまったのでした。

そんなほりかわに、最近こんなことがありました。

店主の堀川功さんには、整備士を目指して4年制の専門学校に通っている息子さんがいます。

その息子さんが、暮れの繁忙期にアルバイトとして店に入っていました。その暮れは顧客数が増えたこともあり大変多忙で、彼にも学業よりも店のことを優先してもらわざるを得ない日々が続きました。

そうしてしばらく経ったころ、彼が突然、「学校を辞めたい」と言い出したのです。

堀川さんはビックリ！ 奥様も激高。堀川さんが働かせ過ぎたことも許せない、とおかんむりでした。堀川さん自身も、勉強がおろそかになる環境にしたことで、勉強についていけなくなり、嫌になったのだと責任を感じていました。

しかしその理由を息子さんに尋ねてみると、予想外の言葉が返ってきました。

それは、「商売が愉しい」という言葉でした。逆に整備士の世界は、「飛び込んでみたものの、自分が思っていたものと何か違う」と。

今では息子さんは学校を辞め、毎日ほりかわで父親と共に仕事に向き合っています。

堀川さんはこう言います。

「なぜ息子が商売が愉しいと感じたのか振り返ってみますと、やはりお店がこの考え方を少しずつ取り入れ、日々実践し改善を重ね、お客さんにとって心地よい空間になってきたこと、同時にそれは働く側にとっても居心地が良いお店に進化してきたのだと。この考え方はお客さんも、そして働く人たちも巻き込んで楽しい世界を実現させてくれます」

「将来の夢は米屋の社長」

継がないと言っていた息子や娘が継ぐと言い出した。そういう話は、「顧客数経営」を営む会社・お店でしばしば聞かれるものですが、社会人やそれに近い年齢の方だけに起こることではありません。

埼玉県川口市の米穀店「栄三　田中米店」。同店は、エスマートが農林水産大臣賞を受賞した「第33回優良経営食料品小売店等表彰事業」で、農林水産大臣官房長官賞（エスマートの賞を金メダルとすれば、銀メダルに相当）を受賞した優秀店でもありますが、業種は古くからある、いわゆる「お米屋さん」。90年以上続く老舗です。

この店の変化が始まったのは２０２３年。店主・田中昭博さんいわく、そのころは「アメ横のように商品を店頭に陳列し、それがバリケードのようになり、店内に中々入りづらいという変な敷居の高さがあった、ＴＨＥ昭和の米屋でした」。

それを一念発起し、大改装。築64年の古民家を活かし、風情のあるお店に。それまで主に彼が配達をし、アルバイトが店番をしていたところを、接客を重視するため役割交代。彼自身が店頭に立つことにしました。

さらに、米を買うだけならどこでも買えるこの時代、まずは店に来てもらう機会を増やすため、「土曜マルシェ」を開催。そこでこだわりのお赤飯やお米以外の「無農薬の米ぬか入り米粉パン」「甘い大粒いちご」「木熟トマト」「初たまご」など、さまざまな商品を展開しました。

このマルシェでお客さんを呼び込み、店内に誘導して、常時20種類以上ある玄米をその場で精米しているところを見てもらうと、お客さんは興味津々。そこで価値を語り、「共鳴価値」を生んでいきます。精米したての米が1キロから買えることを知ると試し買いする方は多く、一度食べれば味の違いがわかり、顧客が増えていくとのこと。

毎年前年を割っていた売上も伸び始め、先にお伝えした農林水産大臣官房長官賞の受賞にも結び付いていったのでした。


こうして、短期間で大変身を遂げていった田中さんのお店でしたが、もう一つ大きな変化がありました。それは、それまでまったく店に寄り付かなかった小学6年生の娘さんが、今ではがぜん店に立つようになったことでした。

小学校の卒業を迎えた娘さんの卒業冊子には、大きく次の文字がありました。

「私の未来の設計図　米屋の社長になる」

子どもたちの心をつかむもの

私は毎年夏休みの時期に、会員のお子さんたちを集めて「親子セミナー」というものを行っています。

といっても、特別に子ども向けに作られたセミナーではありません。途中のおやつタイムをはさみ、およそ3時間半、私が普段から大人（つまり、集まっているお子さんたちの親御さん）に向けて話している内容をそのまま聞いてもらうものです。これまで、下は8歳から上は30歳前後の大勢の方々が、このセミナーを受けてくれました。

ただ「そのまま聞いてもらう」といっても強弱はあります。大人向けであれば、理論や実践手法も強調しますが、子どもたちへは事例がメイン。次から次へと会員企業の事例を話します。

そして終了後、子どもたちに感想を書いてもらうのですが、そこで大きな気づきがありました。彼らの多くが次の二つのことを書くのです。

一つは、

「社会に出たら人生終わりだと思っていました」

「人生を楽しめるのは学校まで、と思っていました」

といったもの。そしてそれに続くもう一つは、

「でも、今日の話を聞いて、仕事って楽しそうだな、と思いました」

「親の仕事も結構いいかなって思いました」

というものです。

念のため申し上げておきますが、このセミナーは、親御さんたちがお子さんたちにあとを継がせるべく、私がそれに加担すべく仕組まれているものではありません。私はただ淡々と親御さんたちが取り組むビジネスの世界、その生の姿を見せ、語っているだけ。

しかし、子どもたちの反応はそういうものなのです。そして実は、高校で講演する時も、大学で講義する時も、まったく同じことが起こるのです。

そこで私は思うようになりました。ここで子どもたちに見せているビジネスの姿、仕事のありよう、その本質を、子どもたちは敏感に感じ取っている、と。

あの田中米店での営みも、まさにそういうものなのかもしれません。

田中さんは、現在の心境をこう語っています。

「お客様に、本当に美味しい本物を伝える楽しさ、伝わったお客様の喜びを聞く嬉しさ。今までこなすだけだった仕事が、楽しくなっていきました。商売って、こんなに楽しいものだったんですね」

こういう気持ちに日々満たされながら、ビジネスを営む。

その営みによって、経営が安定する。

それが「幸せな安定」です。

子どもたちがここで感じ取っているもの、それは「幸せな安定」の「幸せ」につながるものではないでしょうか。

人間らしいビジネスとは

福井県越前市の石材店・宝木石材に、この地域が豪雨水害にあった時の、こんなエピソードがあります。

隣町で河川が氾濫《はんらん》し、低い土地では2ｍもの高さまで水に浸かりました。宝木さんは、避難指示が解除され水も引き、一般車両の通行が可能になった時点で、自社の軽トラックを駆って、顧客の被害現場に向かいました。

着くと無残な状況。外におられた奥様のもとに駆け寄りお手伝いさせていただきたい旨を伝えると、「宝木さんに来てもらえるなんて思ってもみんかったわ……」と、涙声に。

さらに黙々と作業を続けていると、同じく手伝いに来ていたこの家の友人や親戚から「ところで、石屋さんは親戚なの？」「なんで石屋さんが来ておっけてるの？」と次々質問が飛びます。

そこで宝木さんが、「こちらのお墓工事のご縁をいただいてからのお付き合いで、何人もご紹介いただいたりして、応援していただいているんです。こんな時なので、少しでもお役に立ちたい、恩返しさせていただきたいと駆け付けました」と答えると、「お墓屋さんがそこまで思ってくださるんやの〜」「そんなお墓屋さん聞いたことないわ〜」と口々に。

そのうちに、名刺をもらえないかという話になり、そこで彼らが言ったのは次の言葉でした。

「なんか話があったら、あんたに紹介せなあかんが。それが今度はこっちの気持ちやが」

私はこういう話を聴くたび、心の奥に火が灯る感覚があります。

そして、じ〜んときます。「人間っていいものだなあ。人の社会ってこういうものだよなあ」と思えるからです。しかもそれが、世に「生き馬の目を抜くような」と称されるビジネスの世界で確かに実現されている。そのことに感銘を受けるのです。

また同時に、ここには「人間らしさ」があります。

心温まる話だから、ではありません。第5章の終わりにお話ししたように、世の中は「系」でできています。この宝木さんのエピソードにある「人を慮《おもんぱか》ること」が、系の中で循環し、その結果として「顧客の数」が増え、業績が上がる。この営みが、実に自然であり、「人間らしい」のです。

青山学院大学経済学部元教授の中込正樹氏は、著書『意味と人間知性の民俗認知経済学』（知泉書館）の中で、「人が生きる」とは、単に生命体として生理的に存続していくことではなく、「人と人との間にあり続けること」だと言っています。そうしてはじめて人は「リアリティをもって生きること」ができる、のだと。

そして中込氏は、人がずっと昔からさまざまに営んできた「生業（なりわい）」という仕事の在りように着目し、その本質を、単なる収入を得る手段ではなく、「人と人との間にいっそう強くあり続けるための仕事」と意味づけます。

「人と人との間にいっそう強くあり続ける」ことにより、「リアリティをもって生きること」ができる——顧客の喜びとともにある「顧客数経営」のビジネスにおいて、多くの人が「仕事が愉しい」と感じ、その姿を見た子どもたちが「いいね」と感じるのは、そういうところに根があるのかもしれません。

周りを〝いい感じ〟にする

また、そういうビジネスは、その世界に触れる周りの人たちを変えていきます。

福島県いわき市の文具店パピルスではこういうことがありました。

同店では以前からアートスクールが盛ん。幼児向けのクラスから、本格的に美術系大学を目指す人向けのクラスまで、クラスも多彩です。

その美大を目指すクラスにある時、授業中に椅子に座っていられない、発達障害と診断された高校一年生がやって来ました。母親が藁《わら》にもすがる思いで、連れて来たのです。

その後通い始めると、徐々に変化が起こっていきます。このスクールでは、年長者らが幼児クラスの子たちに教えるボランティア制度がありますが、特にそれが始まると、その子はすごい勢いで成長し、症状も落ち着き、学校の授業も問題なく受けられるようになったそうです。

そして、美大の受験にも無事合格。卒業前に同店ではその子の作品展が開催され、担任の先生や教頭先生まで見にこられ、関係者一同、大いに感激したとのことです。

「顧客数経営」を営んでいる会社やお店では、これによく似た話がしばしば聞かれますが、私はそれを聴くたびにも、先ほどの心の奥に火が灯る感覚を覚えます。

そしてこう思います。

「こういう会社やお店が日本全国にたくさんできたら、どんな社会になるだろう」

「一燈照隅・萬燈遍照（いっとうしょうぐう・まんとうへんしょう）」という言葉があります。「一つひとつは、ほんの一隅を照らすような小さな灯火でも、その灯火が十、百、万と増えれば、国中を明るく照らすことになる」という意味の言葉です。

まさに、そういう感じです。

私たちはこの「一燈照隅」を、「周りを〝いい感じ〟にする」と表現しています。私の大好きな児童文学作家・岡田淳さんの名著『竜退治の騎士になる方法』（偕成社）からいただいた言葉です。

たとえばパピルスさんや先ほどの宝木さんは、周りを〝いい感じ〟にしています。本書でご紹介したさまざまな会社・お店が日々営んでいることも、周りが〝いい感じ〟になることばかりです。

そうした活動が顧客を増やし、結果として経営が安定することは、ずっとお話ししてきた通りですが、実はそれだけでなく、その世界に触れた周りの人たちを、少しだけかもしれませんが、しかし着実に、〝いい感じ〟に変えていくのです。

その一つひとつの〝いい感じ〟が、あちこちで現実に生まれていく様子を、私はずっと見てきました。

さあ、ドアを開けよう

本書の序章で私はこう言いました。

「ぜひ『別の世界』があるということを知ってもらいたいというのが、私が本書を書いた理由です」

これまで長く会を主宰してきて思うことは、この「別の世界」があるとは知らず、苦しんでいる多くの方々の存在です。

「別の世界」とは「別のビジネス」ではありません。

これまであなたとともに見てきたように、同じ食品スーパー、同じ飲食店、同じ紙の卸業、でありながら、考え方も、進め方も、大切にすることも、大きく異なる世界です。

そして、他の世界では「たいしたことない」「それでは競争に勝てない」「そんなもの何になるの？」と思われるようなものが、しっかりと、そして現実に、「顧客の数」を増やす糧《かて》となり、礎《いしずえ》となる世界です。

だからこの世界に足を踏み入れた時、彼らは知ったのです。自分は必要なもののすべてを、実はすでに持っていたんだ、と。

それを知らずにいたころ、

エスマート・鈴木さんは、廃業を真剣に考えていました。

ティナズダイニング・林さんは、「もう身がもたない」と先行きを危ぶんでいました。

浜田紙業・浜田さんは、「こんなことがあと30年も続くのか……」という思いでした。

誰もが、ただ、「知らなかった」のです。

もしかしたら、あなたも、です。

しかし、だとしても今、あなたは知りました。

そしてきっと、必要なものはすべて持っている。

ならば、あとはドアを開けるだけ。

さあ、今から、あなたも。

読者プレゼント

小阪裕司
オンラインセミナーに
無料ご招待！

この本でご紹介した、浜田紙業・浜田さん、ティナズダイニング・林さんと小阪裕司との「対談オンラインセミナー」に無料でご招待します。「以前の彼らもやっていた決定的な間違い」など、彼らの貴重な気づきと体験を、本人の“生の声”で聴くことができます。

⬇詳細とお申込みはこちらから⬇

URL https://kosakayuji.com/2024book/

※セミナーは予告なく変更や終了することがありますので、お早めにお申込みください。

〈著者略歴〉
小阪裕司（こさか　ゆうじ）
博士（情報学）、オラクルひと・しくみ研究所代表、九州大学招へい講師、日本感性工学会理事。1992年「オラクルひと・しくみ研究所」設立。人の「感性」と「行動」を軸にした独自のビジネス理論と実践手法を研究・開発し、2000年からその実践企業の会「ワクワク系（感性科学）マーケティング実践会」主宰。現在全都道府県および海外から千数百社が参加。各社が出す成果を誰もが活用できる再現性の高いものにするため、商売現場に直結した活動と並行して学術研究にも注力し、2011年に情報学の博士号を取得。提唱する理論の実践は、企業の生産性向上に資することが立証されており、2017年にはこれを活用する企業を全国に広げる事業が、経済産業省の認定を受ける。2019年には慶應義塾大学との共同研究で、その実践・習得のコツ「感性科学マーケティング・パターン」をまとめ、これを活用する実践会員が目覚ましい成果をあげている。著書は、『「価格上昇」時代のマーケティング』『「顧客消滅」時代のマーケティング』（PHPビジネス新書）をはじめ、新書・文庫化・海外出版を含め計44冊。

装丁　山之口正和+齋藤友貴（OKIKATA）
編集協力　スタジオ・チャックモール
図版　齋藤 稔（G-RAM）・齋藤維吹

顧客の数だけ、見ればいい
明日の不安から解放される、たった一つの経営指標

2024年10月31日　第1版第1刷発行
2024年12月10日　第1版第2刷発行

著者　小阪裕司
発行者　永田貴之
発行所　株式会社PHP研究所
東京本部　〒135-8137　江東区豊洲5-6-52
ビジネス・教養出版部　☎03-3520-9619（編集）
普及部　☎03-3520-9630（販売）
京都本部　〒601-8411　京都市南区西九条北ノ内町11
PHP INTERFACE　https://www.php.co.jp/
組版　石澤義裕
印刷所　株式会社精興社
製本所　株式会社大進堂

ISBN978-4-569-85808-1